edition unseld 1

Eine neue Herausforderung für die Wissenschaft: Die Welt ist komplex, also sollten es auch unsere Vorstellungen von ihr sein. Viele Disziplinen der Geistes- und Sozialwissenschaften haben sich lange an diese Maxime gehalten. Die Naturwissenschaften aber haben traditionell nach einfachen, universalen und zeitlosen Gesetzen gesucht. Damit wollten sie die »blühende, schwirrende Verwirrung« (»blooming, buzzing confusion«, William James) erklären, die die ungeschulten Sinne dem Geist präsentieren. Aber dieses Unternehmen ist gescheitert. Sandra Mitchell zeigt, daß uns die Komplexität der lebendigen Welt dazu zwingt, unsere Denkmodelle radikal zu revidieren und nach einer adäquateren Erkenntnislehre zu suchen. Dazu hat die Systemtheorie Vorgaben geliefert, die seit einigen Jahren von der Komplexitätstheorie spezifiziert worden sind. Komplexe Systeme – wie die Welt, in der wir leben – zeichnen sich unter anderem durch Emergenz und Relationen aus: Was auf der Makroebene sichtbar wird, ist erst durch Wechselwirkungen zwischen den Elementen des Systems zu erklären. Wohin zum Beispiel ein Vogelschwarm fliegt, hängt nicht nur von den Individuen ab, sondern vor allem von Feedbackprozessen zwischen ihnen. Mitchell fordert deshalb: Wer die Welt verstehen will, muß auch verstehen lernen, warum das Ganze tatsächlich mehr ist als die Summe der einzelnen Teile.

Sandra Mitchell, Professorin für Wissenschaftstheorie und -geschichte an der University of Pittsburgh, Schwerpunkte: Philosophie der Biologie und Philosophie der Sozialwissenschaft. Zuvor Forschung u. a. an der University of California in San Diego, am Max-Planck-Institut für Gesellschaftsforschung in Köln und am Wissenschaftskolleg zu Berlin. Forschungsförderung von der National Science Foundation und der American Philosophical Society.

Komplexitäten
Warum wir erst anfangen, die Welt zu verstehen

Sandra Mitchell

Aus dem Englischen von Sebastian Vogel

Suhrkamp

Die *edition unseld* wird unterstützt durch eine Partnerschaft mit dem Nachrichtenportal *Spiegel Online*. www.spiegel.de

edition unseld 1
Erste Auflage 2008

Originalausgabe

Druck: CPI – Ebner & Spiegel, Ulm
Umschlaggestaltung: Nina Vöge und Alexander Stublić
Printed in Germany
ISBN: 978-3-518-26001-2

2 3 4 5 6 – 13 12 11 10 09 08

Komplexitäten

Inhalt

Vorwort und Danksagung

Dieses Buch legt dar, daß unsere Sicht auf die Welt deren Komplexität und Kontingenz widerspiegeln muß. Unsere Auffassung muß berücksichtigen, wie die Welt sich konstituiert, welche Art von Erkenntnis wir gewinnen können, wie wir die Welt untersuchen sollen und wie wir auf der Grundlage der Ergebnisse dieser Untersuchungen handeln müssen. Nachdem ich selbst in den Wissenschaftstheorien von Carnap, Popper, Lakatos und Kuhn ausgebildet worden bin, ist die neue Perspektive, die ich vorschlage – der integrative Pluralismus –, zum Teil aus der Beobachtung der Unzulänglichkeit strenger, einheitlicher und einfacher Modelle der Wissenschaft entstanden. Dieser neue Ansatz soll auch die aktuellen Entwicklungen der Komplexitätsforschung weiterführen. Mein wichtigster Lehrer ist jedoch die Arbeit der Biologen gewesen, die sich täglich mit jener Komplexität auseinandersetzen müssen, von der dieses Buch handelt. Neue Ergebnisse, neue Technologien und neue Herausforderungen, vor denen die Wissenschaft und die Gesellschaft in ihrer Gesamtheit stehen, erfordern eine Veränderung in unserem Verständnis der Wissenschaft und der Natur. In Anbetracht dieser neuen Entwicklung in den Wissenschaften möchte ich mit diesem Buch zu weiteren Reflexionen über die Grundprobleme der Wissenschaftstheorie anregen.

Viele meiner Kollegen, Studenten und Freunde haben diese Arbeit erst möglich gemacht, und ohne ihre Hilfe wäre das Ergebnis sehr viel bescheidener ausgefallen. Besonders danke ich meinen Kollegen am Institut für Wissenschaftstheorie und -geschichte an der University of Pittsburgh – John Earman, James Lennox, James McGuire, Peter Machamer, Edouard Machery, John Norton, Paolo Palmieri und Kenneth Schaffner –, meinen ehemaligen Lehrern und Kollegen – James Bogen, Clark Glymour, Adolf Grunbaum, Robert Olby, Laura Ruetsche und Merilee Salmon –, meinen ehemaligen Studenten Brian Keeley, Laura Perini, Daniel Steel, Megan Delehanty, Jim Tabery und meinen derzeitigen Studenten Holly Andersen und Thomas Cunningham. Meine Arbeit hat sich in einer Gemeinschaft von Wissenschaftlern entwickelt, deren Einsichten mich angeregt und beeinflußt haben, besonders hervorzuheben sind die Arbeiten von Nancy Cartwright, John Beatty, Stuart Kauffman, Elliott Sober, William Wimsatt und Robert E. Page Jr.

Ich möchte außerdem der School of Arts and Sciences an der University of Pittsburgh für ihre anregende und herausfordernde Unterstützung danken sowie der *American Philosophical Society*, die mir durch ein Forschungsstipendium ungestörte Zeit verschafft hat und es mir so ermöglichte, meine Arbeit ganz auf dieses Projekt zu konzentrieren.

Hans-Joachim Simm, Susanne Schäfer und Sabine Landes vom Suhrkamp Verlag haben mich fortwährend unterstützt, und die Übersetzung von Sebastian Vogel besticht durch ihre Präzision. Ich möchte mich auch bei Jochen Bojanowski und Alexandra Zinke für ihre wertvollen Vorschläge bei der Überarbeitung des Manuskripts bedanken.

Dieses Buch wäre gar nicht geschrieben worden ohne die unermüdliche Hilfe meines Mannes, intellektuellen Kritikers und Freundes Joel M. Smith.

Sandra Mitchell

Ein Fall von Komplexität

Depressionen gehören zu den am häufigsten vorkommenden psychischen Krankheiten. Erwachsene sind ebenso betroffen wie Kinder, und das Leiden ist unter den verschiedensten ethnischen und sozioökonomischen Gruppen gleichermaßen verbreitet. Einer neuen Studie aus Europa zufolge ist die Depression eine der beiden häufigsten psychischen Krankheiten überhaupt: Fast 13 Prozent der Befragten berichteten, sie hätten während ihres Lebens irgendwann einmal an Depressionen gelitten, und rund vier Prozent hatten in den letzten zwölf Monaten eine depressive Episode (Alonso u. a. 2004). In den Vereinigten Staaten liegt das Risiko, daß ein Mensch während seines Lebens an klinisch auffälligen Depressionen erkrankt, bei rund 16 Prozent. In jedem Jahr zeigen etwa sieben Prozent der US-Bevölkerung die Symptome der Krankheit (Kessler u. a. 2003).

Klinisch auffällige Depressionen sind nicht zu verwechseln mit der Traurigkeit, die eine Reaktion auf tragische Ereignisse wie den Tod eines geliebten Menschen darstellt; es handelt sich vielmehr um physiologische Veränderungen in einer komplexen Kombination aus biochemischen, neurologischen, psychischen und körperlichen Zuständen. Das Symptom, das die Diagnose bestätigt, ist eine deprimierte Stimmung oder der völlige Verlust von Interesse und Freude an nahezu allen Tätigkeiten über einen Zeitraum von mindestens zwei Wochen. Begleiterscheinungen sind Schlaf- und Eßstörungen, ein verändertes Energieniveau, Denk- und Konzentrationsstörungen sowie sexuelle Probleme. Die Depression kann mäßig oder stark ausgeprägt sein, aber sie ist eine ernste Krankheit, die das normale Verhalten und die Funktionen eines Menschen beeinträchtigt. Außerdem fordert sie schweren psychologischen Tribut: Zum subjektiven Erleben oder zur Phänomenologie einer Depression gehören Gefühle von Hoffnungslosigkeit, Minderwertigkeit und Schuld.[1]

Warum leiden manche Menschen an einer solchen depressiven Erkrankung, andere aber nicht? Warum erlebt jemand die lähmenden Symptome der Krankheit zu einem bestimmten Zeitpunkt in einem bestimmten Jahr, nicht aber zu anderen Zeiten? Wie können wir die Ursachen der Depression erklären und dann wirksamere Therapieverfahren entwickeln? Vor solchen Fragen stehen Wissenschaftler und Mediziner, die sich bemühen, die besten praktischen Behandlungsstrategien für Depressionen zu entwickeln.

Das DSM IV (*Diagnostisches und Statistisches Manual psychischer Störungen*, 4. Version) nennt verschiedene Faktoren, die man mit der Entstehung depressiver Episoden in Verbindung bringen kann, ohne daß sie aber unbedingt vorhanden sein müßten. Einen diagnostischen Labortest, mit dem man eindeutig feststellen könnte, ob jemand an einer Depression leidet, gibt es nicht. Zur Krankheit beitragen können vielmehr »eine Fehlregulation mehrerer Neurotransmittersysteme, ... Veränderungen mehrerer Neuropeptide ... [und in manchen Fällen] hormonelle Störungen«. Die funktionelle Magnetresonanzbildgebung zeigt in einigen Fällen eine Veränderung in Durchblutung und Stoffwechsel des Gehirns, manchmal aber auch eine veränderte Gehirnstruktur. Aber im DSM IV heißt es: »Keine dieser Veränderungen ist bei allen Betroffenen während einer depressiven Episode zu beobachten ... und ebenso ist keine bestimmte Störung für Depressionen spezifisch (DSM IV, S. 353). Darüber hinaus treten Depressionserkrankungen familiär gehäuft auf: Bei Verwandten ersten Grades einer betroffenen Person kommen sie 1,5- bis 3mal häufiger vor als in der Gesamtbevölkerung (DSM IV, S. 373).

Kendler, Gardner und Prescott veröffentlichten 2006 eine umfassende Studie, in der sie die Ätiologie der Depression untersucht hatten. Die Studie beschäftigte sich mit Depressionen bei Männern und ergänzte damit eine ähnliche Untersuchung an Frauen aus dem Jahr 2002. Untersucht wurden rund 2000 weibliche und 3000 männliche Zwillinge. Allgemein ergab sich daraus die Erkenntnis, daß Depressionen von ihrem Mechanismus her eine komplexe Erkrankung sind, an der zahlreiche Faktoren aus unterschiedlichen Bereichen im Laufe der gesamten Entwicklungszeit mitwirken (Kendler u. a. 2002, 2006). Kendler, Gardner und Prescott fanden heraus, daß drei Wege zu Depressionen führen können. Ihren Ergebnissen zufolge können dabei sowohl genetische Risikofaktoren, Angstsymptome und Verhaltensstörungen als auch der Einfluß der Eltern, Kindesmißbrauch und sozioökonomische Bedingungen eine Rolle spielen. Die Autoren folgern, daß »die depressive Erkrankung ein Musterbeispiel für ein multifaktorielles Leiden ist, bei dem das Erkrankungsrisiko durch zahlreiche Faktoren beeinflußt wird« (Kendler u. a. 2006, S. 115).

Genau so sieht die frustrierende Realität aus: Depressionen bilden sich aus dem komplexen Verhalten eines komplexen Systems, das von zahlreichen Ursachen auf unterschiedlichen Organisationsebenen (chemisch, biologisch, psychisch, sozial) abhängig ist. In den letzten Jahren konnte man über die Komponenten, die auf allen diesen Ebenen mit der Krankheit gekoppelt sind, viele neue Erkenntnisse gewinnen (siehe auch Schaffner, erscheint demnächst). Eine wichtige Frage jedoch ist bisher nicht beantwortet worden: Welche Zusammenhänge bestehen zwischen den Eigenschaften und Verhaltensweisen des Patienten auf den verschiedenen Ebenen? Es lohnt sich, die Einzelheiten der neuen Studien ein wenig genauer zu betrachten. Denn dieses Beispiel für Komplexität macht deutlich, welche Überlegungen hinter der Hauptthese des vorliegenden Buches stehen, die ich sogleich genauer erläutern werde: Wenn wir komplexe Systeme verstehen und handhaben wollen, müssen wir unseren Begriff von Erkennen und Handeln überdenken. Die derzeitige wissenschaftliche Entwicklung bei der Erklärung und Therapie von Depressionen zeigt sehr deutlich, warum neue Erkenntnismethoden und Handlungsstrategien notwendig sind.

Daß es für die Depression genetische Risikofaktoren gibt, zeigt sich an Familien- und Zwillingsuntersuchungen: Sie gelangen zu dem Ergebnis, daß depressive Erkrankungen bei miteinander verwandten Erwachsenen mit erhöhter Wahrscheinlichkeit vorkommen. Die wichtigste Wirkstoffgruppe zur Therapie krankhafter Depressionen sind die selektiven Serotonin-Wiederaufnahmehemmer (*selective serotonin reuptake inhibitors,* SSRIs), die an den serotonergen Neuronen des Mittelhirns ansetzen. Die Aktivität dieser Neuronen wird zumindest zum Teil durch die sogenannten 5-HAT-Rezeptoren reguliert (Haddjeri u. a. 1998). Einige Studien beschäftigen sich mit dem Gen für 5-HTT (den Serotonintransporter), das in der Bevölkerung in Form zweier Allele vorkommt (Allele sind paarweise einander zugeordnete Zustandsformen eines Gens auf homologen Chromosomen, die sich hinsichtlich ihrer räumlichen Anordnung und Funktion gleichen, durch Mutation jedoch ungleich beschaffen sein können: Bei dem einen befindet sich im regulatorischen Abschnitt des Gens ein langer Promotor, beim anderen ist der Promotor kurz. Hariri u. a. (2005) untersuchten den Zusammenhang zwischen dem kurzen Allel von 5-HTT und der Reaktion der Amygdala auf Bedrohungen aus der Umwelt. (Die Amygdala, die »Tonsillen-Mandel«, tritt jeweils paarig auf und ist ein Kerngebiet des Gehirns im medialen Teil des Temporallappens. Sie wird auch als Mandelkern bezeichnet und ist Teil des Limbischen Systems.) Dieser Teil des Gehirns spielt eine wichtige Rolle für das emotionale und soziale Verhalten, so auch für gewöhnliche und pathologische Angstzustände. Die Ergebnisse der Studie, die an gesunden Versuchspersonen durchgeführt wurde, deuten auf einen Zusammenhang zwischen dem kurzen Allel und der Reaktion der Amygdala auf Gefahren hin, aber die Hoffnungen derer, die eine *körperliche Ursache* für Depressionen finden wollten, wurden enttäuscht: Eine Voraussage über depressive Verstimmungen ermöglichte die Studie nicht. Die Autoren gelangten zu dem Schluß, daß das Gen für 5-HTT im besten Fall eine gewisse Anfälligkeit für Depressionen erzeugt, aber nicht ihre alleinige Ursache ist.

Bei der Untersuchung der biochemischen, neurologischen und genetischen Organisationsebene wird zunehmend deutlich, daß Depressionen keine Auswirkung eines einfachen Systems sind und auch selbst kein einfach aufgebautes System darstellen. Mit anderen Worten: Depressionserkrankungen lassen sich nicht auf eine einzige Ursache zurückführen, und es gibt auch keine Gruppe eindeutiger Ursachen, die gemeinsam solche Auswirkungen haben. Die »reduktionistische Strategie«, wie sie in der philosophischen Literatur genannt wird – also die Vorstellung, Informationen über die beteiligten Gene allein könnten eine Voraussage über die Wahrscheinlichkeit einer depressiven Episode ermöglichen –, führt hier also nicht zum Erfolg. Ein »Gen für« Depressionen gibt es nicht.

Tatsächlich weisen Studien aus jüngerer Zeit darauf hin, daß sich in der Wandelbarkeit und Vielgestaltigkeit von Depressionserkrankungen das Wechselspiel zwischen den Grundkomponenten – den Genen und dem größeren Umweltzusammenhang – widerspiegelt. Caspi u. a. (2003, siehe auch Kendler u. a. 2005) berichten über eine prospektive Langzeitstudie, bei der 1037 Personen vom dritten bis zum 26. Lebensjahr regelmäßig untersucht wurden. Die Probanden wurden anhand ihres 5-HTT-Genotyps in drei Gruppen eingeteilt: Personen mit zwei Exemplaren des kurzen Allels, solche mit jeweils einem Exemplar des kurzen und des langen Allels und solche mit zwei Exemplaren des langen Allels. Außerdem wurde festgehalten, wie oft im Leben der Probanden in den drei Gruppen belastende Erlebnisse vorkamen. Wie sich herausstellte, sind belastende Erlebnisse statistisch (aber nicht im Einzelfall) ein Vorhersagefaktor für Depressionen, wenn mindestens ein kurzes Allel vorhanden ist, für die Gruppe mit zwei langen Allelen dagegen gilt dies nicht. Die Autoren gelangen zu dem Schluß: »*Das Gen 5-HTT erlaubt im Wechselspiel mit Ereignissen im Leben* eine Vorhersage depressiver Symptome, der Zunahme solcher Symptome, einer Selbstmordgefährdung.« (Caspi u. a. 2006, S. 387; Hervorhebung von der Autorin) Das kurze 5-HTT-Gen reicht allein für die Vorhersage von Depressionen ebensowenig aus wie die Tatsache belastender Lebenserfahrungen, aber beide wirken so zusammen, daß das Gen und die belastende Umwelt gemeinsam die Erkrankungswahrscheinlichkeit bei Erwachsenen ansteigen lassen.

In jüngerer Zeit untersuchten Kendler u. a. (2005) die Ergebnisse der Untersuchungen über das Zusammenspiel von Genen und Umwelt. Sie gingen der Frage nach, durch welchen Mechanismus das Gen die Sensibilität gegenüber belastenden Erlebnissen und damit die Depressionswahrscheinlichkeit ansteigen läßt. Das Ergebnis: Wer ein oder zwei kurze Allele von 5-HTT besitzt, wird durch ein breiteres Spektrum an äußeren Ereignissen belastet als jemand mit zwei langen Allelen.

Die Befunde über das Wechselspiel zwischen Genen und umweltbedingten Belastungen sind vor allem aus einem Grund so bedeutsam: Sie lassen darauf schließen, daß man nicht reduktionistisch vorgehen darf (das heißt, man darf sich nicht ausschließlich auf die grundlegenden physischen Komponenten eines Systems konzentrieren), wenn man das komplexe Netzwerk der Ursachen entwirren will, die zur Depression führen. Außerdem legen sie die Vermutung nahe, daß es Rückkopplungsmechanismen zwischen körperlicher Disposition und Lebenserfahrungen gibt.

Ganz allgemein sind psychiatrische Krankheiten einer völlig oder auch nur teilweise reduktionistischen Strategie meist nicht zugänglich. Alle Indizien deuten darauf hin, daß es sich bei diesen Krankheiten um solche handelt, bei denen Komponenten auf niedrigeren und höheren Organisationsebenen untereinander sowie mit dem äußeren Umweltzusammenhang in Wechselbeziehung treten, und deshalb ist ihre Kausalgeschichte nur mit einer integrativen Methodik zu verstehen. Damit soll nicht geleugnet werden, daß Gene in dem komplexen Kausalzusammenhang eine Rolle spielen, aber es gilt zu begreifen, daß diese Rolle stark vom Kontext abhängt und daß das System, in dem sie wirkt, in hohem Maße wandelbar ist. Eaves u. a. (2005, S. 62) behaupten: »Die klassischen Modelle von ererbten (oder ›Mendelschen‹) Krankheiten, die durch Allele an einem oder zwei Loci entstehen und von der Umwelt kaum beeinflußt werden, treffen auf die meisten komplexen psychiatrischen Krankheiten nicht zu. Vielfach handelt es sich um zahlreiche Gene, ihre Auswirkungen sind nur gering, und ihr Effekt auf den Phänotyp kann vielfältig sein oder sich durch andere Unwägbarkeiten wie Zufall oder Umwelteinflüsse verändern.«

Der vage Zusammenhang zwischen Genen und psychiatrischen Störungen spricht eher für die Vielgestaltigkeit der Entstehungsmechanismen und die große Zahl kontingenter Faktoren als für einen starken Einfluß der Gene auf die Entstehung des Phänotyps. Vor einem bestimmten Hintergrund innerer und äußerer Faktoren könnten zwei kurze Allele des Gens 5-HTT tatsächlich den Ausschlag dafür geben, ob die Depression entsteht oder nicht. Aber wenn dieses Spektrum innerer und äußerer Faktoren in einer Population stark schwankt, reicht das Wissen um die Form des Gens allein nicht aus, um die Depression vorherzusagen oder zu erklären. Wenn der Zusammenhang für die Kausalitätsbeziehung eine große Rolle spielt, entsteht das eigentlich interessante Ergebnis durch das Zusammenwirken von solchen Faktoren, denen – wie beispielsweise den Genen – traditionell stark die Rolle einer Ursache zugeschrieben wird, und solchen, die traditionell kein Gegenstand der Forschung waren, sondern auf einen allgemeinen, formlosen Zusammenhang oder Hintergrund geschoben wurden.

Was man bei der pathologischen Depression beobachtet, ist in der Natur ganz allgemein charakteristisch für komplexe Verhaltensweisen. Diese stehen im Zusammenhang mit verschiedenen Organisationsebenen, von Genen über Zellen und Gehirnareale bis zu Hormonsystemen, Affekten und Verhalten. Sie haben viele kausal wirksame Komponenten; keine davon ist unentbehrlich, und manche leisten ihren Beitrag nur im Wechselspiel mit anderen. Aus solchen Merkmalen komplexer Systeme ergeben sich wichtige Folgerungen für die Untersuchung der Krankheitsmechanismen und für die Frage, was für Erkenntnisse man bei solchen Forschungsarbeiten erwarten kann. Das vielschichtige Profil mit zahlreichen Komponenten ist ein gemeinsames Merkmal der meisten psychiatrischen Störungen.

Wie andere psychiatrische Erkrankungen, so ist auch die Depression ein Musterbeispiel für Komplexität. Die Frage, »wie diese vielen kleinen Erklärungen zusammenpassen«, bleibt für viele Wissenschaftsdisziplinen in mehrfacher Hinsicht eine wichtige Herausforderung. Es ist eine völlig andere Aufgabe als jene, die im 17. und 18. Jahrhundert von Wissenschaftlern und Philosophen für die Wissenschaft formuliert wurde und bis heute für viele Wissenschaftler den Leitfaden bildet: die großen Prinzipien zu finden, mit denen sich die ganze Natur erklären läßt, oder, mit den Worten von William Blake, »die Welt in einem Sandkorn zu sehen« (*Auguries of Innocence*). Die Welt ist jedoch so komplex, daß dieses hehre Ziel sich nicht völlig erreichen läßt.[2]

Einleitung: Newtonsches Weltbild und integrativer Pluralismus

Auf den Begriff »Komplexität« reagieren die Menschen ganz unterschiedlich. Manche denken an »kompliziert« oder »Durcheinander« und sehen den Wald vor lauter Bäumen nicht. Sie stellen sich einen Wirrwarr aller möglichen Dinge vor und sehen keine Chance, seiner habhaft zu werden oder die »blühende, schwirrende Verwirrung« (James 1890, S. 462) in den Griff zu bekommen. Andere denken an »Chaos«, an etwas Unbeschränktes und Unkontrollierbares, einen Bereich der Unberechenbarkeit und Unsicherheit, der sich dem Verständnis der Menschen entzieht. Keine dieser Interpretationen wird der handhabbaren, verständlichen, entwickelten, dynamischen Komplexität gerecht, die in den Augen der heutigen Wissenschaft für unsere Welt charakteristisch ist. Weder ihre Komplikationen noch ihre chaotische

Dynamik sollte neugierige Menschen abschrecken oder sie veranlassen, die klarsichtige Untersuchung der vielschichtigen Schönheit dieser Komplexität zugunsten der altehrwürdigen, klaren Linien des Einfachen und Zeitlosen aufzugeben.

Die Welt ist tatsächlich komplex, und entsprechend komplex müssen auch unsere Abbildungen und Analysen von ihr sein. Die Wissenschaft hat sich traditionell darum bemüht, die »blühende, schwirrende Verwirrung« auf einfache, universell gültige, zeitlose Grundprinzipien zu reduzieren und damit zu erklären, was ist und wie es sich verhält. Die Erfolge der naturwissenschaftlichen Revolution des 17. Jahrhunderts mit ihren vereinfachenden, vereinheitlichenden Abbildungen, insbesondere Newtons Bewegungsgesetze und das Gesetz der allgemeinen Gravitation, waren für die Philosophen ein Anlaß, auch das, was sie als verläßliches Wissen anerkennen wollten, in ähnlichen Begriffen zu formulieren. Insbesondere im 19. Jahrhundert unternahmen Wissenschaftsphilosophen wie John Herschel (1830), William Whewell (1840) und John Stuart Mill (1843) den Versuch, das Wesen der »naturwissenschaftlichen Methode« einzufangen, die sie Newton zuschrieben; sie meinten damit ein nahezu algorithmisches Verfahren, mit dem man die einfachen Prinzipien hinter der Komplexität des Alltags offenlegen konnte (siehe auch Snyder 2006). Die drei genannten Philosophen unterscheiden sich zwar in vielerlei Hinsicht, allen gemeinsam ist aber die Überzeugung, daß die *vera causa*, die wahre Ursache der beobachteten Phänomene, sich durch einfache, grundlegende Gesetze beschreiben läßt. Whewell formulierte es so: »Die Übereinstimmungen in unseren Ableitungen führen zu einem ständigen Zusammenlaufen unserer Theorie in Richtung von Einfachheit und Einheitlichkeit« (Butts 1989, S. 159). Und John Stuart Mill meint: »Die vollkommenste Untersuchungsmethode besteht darin, Experimente nicht an komplexen Tatsachen durchzuführen, sondern auf Grund der einfachen Fakten, aus denen sie aufgebaut sind.« (Mill 1843, Buch 6, Kapitel 5) Allgemeingültigkeit, Determinismus, Einfachheit und Einheitlichkeit wurden zu den charakteristischen Kennzeichen eines zuverlässigen Wissens, das auf dem durch Induktion begründeten festen Fundament empirischer Tatsachen basierte.

Aber die Welt der Newtonschen Naturwissenschaft hatte keinen Bestand. Einige ihrer Grundannahmen wurden durch die Physik des 20. Jahrhunderts in Frage gestellt (siehe Cushing und McMullin 1989). In jüngerer Zeit – das werde ich in diesem Buch darlegen – stellen die historischen und kontingenten Komplexitäten der belebten Natur auch in der Biologie die bisher vorherrschenden traditionellen wissenschaftlichen Sichtweisen in Frage. Über die Auswirkungen der Entdeckungen in der Physik des 20. Jahrhunderts wurde bereits viel geschrieben (zum Beispiel Kragh 1999, Laughlin 2005, Smolin 1997, 2006). Viel weniger Autoren haben sich mit der Frage auseinandergesetzt, welche Erkenntnisse in jüngerer Zeit aus der Erforschung der biologischen Komplexität erwachsen (siehe aber u. a. Horan 1989, Wimsatt 2007, Bechtel und Richardson 1993, Kauffman 1984, 1993, 1995). Das vorliegende Buch geht der Frage nach, wie wir unseren erkenntnistheoretischen Rahmen angesichts neuer Entwicklungen in der Erforschung komplexer biologischer Systeme erweitern und überdenken müssen.

Herausforderungen für die traditionellen Erkenntnisprozesse ergeben sich aus der aktuellen wissenschaftlichen Erforschung komplexer Systeme. Der heutige Stand der Wissenschaft liefert Aufschlüsse darüber, wo und warum der herkömmliche erkenntnistheoretische Rahmen unvollständig ist. Dabei ist es aber nicht etwa so, daß der traditionelle Rahmen immer versagen würde; wie leistungsfähig er ist, beweisen erstaunliche Erfolge seit Newtons Zeit immer wieder. Aber es bleibt das Problem, daß große Teile der Welt sich seinen Konzepten und Methoden entziehen. Dieses Buch will deutlich machen, wo er versagt, und gleichzeitig will es die Eigenschaften eines neuen Ansatzes formulieren, mit dem sich besser erkennen läßt, was als zuverlässiges Wissen über unsere komplexe Welt gelten darf. Ich werde erläutern, wie ein erweiterter Erkenntnisprozeß, den ich als »integrativen Pluralismus« bezeichne, unser Verständnis für einfache und komplexe Systeme in sich vereinigen kann. Außerdem werde ich anhand einiger Beispiele darlegen, wie sich die neue Erkenntnisweise in bestimmten aktuellen Bereichen der Komplexitätsforschung positiv bemerkbar machen kann.

Meine These lautet: Komplexität, ob in der Biologie oder anderswo, liegt nicht außerhalb unserer Verständnisfähigkeit, sondern sie erfordert eine neue Art von Verständnis. Dieses setzt voraus, daß man genauer analysiert, in welch vielfältiger Form der Kontext die Naturphänomene mitgestaltet. Historische Kontingenz und Zufallsepisoden schaffen durch ihr Zusammenwirken die Formen und Verhaltensweisen, die wir auf der Erde beobachten. Das Leben ist nicht einfach, und deshalb können auch unsere Abbildungen des Lebens, unsere Erklärungen und Theorien über seine Funktionsweise nicht einfach sein. Zu der neuen Erkenntnismethode gehören folgende Merkmale:

- *Pluralismus:* die Integration zahlreicher Erklärungen und Modelle auf vielen Erklärungsebenen anstelle der Erwartung, es müsse stets eine einzige, einfache, grundsätzliche Erklärung geben.
- *Pragmatismus* anstelle des Absolutismus: die Erkenntnis, daß es viele Wege zu einer zutreffenden, wenn auch nur teilweisen Darstellung der Natur gibt, zu der verschiedene Grade der Verall-

gemeinerung und unterschiedliche Abstraktionsebenen gehören. Welche Abbildung am besten »funktioniert«, hängt von unseren Interessen und Fähigkeiten ab.
- Schließlich die *Dynamik* des Wissens, das sich immer weiter entwickelt, anstelle eines statischen Universalismus. Diese Eigenschaft nötigt uns, neue Wege zur Erforschung der Natur zu finden und entsprechend den dabei gewonnenen Kenntnissen zu handeln.

Ich werde mich für einen pluralistisch-realistischen Ansatz in der Ontologie einsetzen; das heißt nicht, daß es mehrere Welten gäbe, aber es gibt mehrere *richtige* Wege, unsere Welt zu analysieren, wobei wir zwischen vielfältigen Gegenständen und Prozessen unterscheiden, die sowohl die Kausalstrukturen als auch unsere Interessen widerspiegeln. Die Vorstellung, es gebe für die Welt nur eine einzige wahre Abbildung, die genau ihrem natürlichen Wesen entspricht, ist vermessen. Jede Abbildung ist im besten Fall unvollständig, idealisiert und abstrakt (Wimsatt 1987, Cartwright 1989). Genau wegen dieser Eigenschaften ist eine Abbildung nützlich, sie setzen aber auch eine Grenze für unsere Behauptungen über die Vollständigkeit jeder einzelnen Wiedergabe.

In der Vergangenheit habe ich ein kontinuierliches Spektrum der Abstraktion beschrieben (Mitchell 2000), das eine Art ontologischen Pluralismus anerkennt (siehe auch Dupre u. a. 1993, Galison and Stump 1996, Kellert u. a. 2006). Eine solche Haltung befürwortet den Gedanken, daß es mehrere richtige, nützliche Wege zur Beschreibung der Welt gibt, aber gleichzeitig beharrt sie darauf, daß nicht jede beliebige Beschreibung richtig oder nützlich ist. Die Standards, die eine bestimmte Abbildung rechtfertigen, setzen sich aus Maßstäben für Voraussagekraft, Widerspruchsfreiheit, Stichhaltigkeit und Relevanz zusammen.

An den gleichen Maßstäben sollten wir uns auch orientieren, wenn wir unsere Abbildungen nutzen, um zu verstehen, vorauszusagen und zu handeln.

Pluralismus ist gegenüber den Modellen, Theorien und Erklärungen, die uns die Wissenschaftler anbieten, der angemessene Standpunkt. Man sollte sich nicht mehr a priori darauf festlegen, Erklärungen auf die grundlegenden Elemente der zeitgenössischen Physik zu reduzieren, denn damit entwertet man Erklärungen, die auf Eigenschaften auf höheren Organisationsebenen abzielen, jenen Ebenen, die aus den komplexen Wechselbeziehungen in der Welt überhaupt erst *erwachsen*. Ich werde sogar eine zeitgemäße Vorstellung von der Emergenz der Naturphänomene formulieren und vertreten; diese Vorstellung ist im Hinblick auf Erklärungen und Kausalität gerechtfertigt, aber gleichzeitig steht sie nicht im Widerspruch zu einer Form der zusammengesetzten, von unten nach oben gerichteten Erklärung.

Ein weiterer Aspekt des Pluralismus, der einen Bestandteil der neuen Erkenntnismethode bildet, hat mit den Gesetzen der Naturwissenschaft zu tun. Der Theorierahmen des 19. Jahrhunderts profitierte davon, daß sich in ihm Newtons Erfolge widerspiegelten: Danach muß ein Naturgesetz eine von Natur aus notwendige, universelle, ausnahmslos gültige Wahrheit sein. Analysiert man aber die Verallgemeinerungen, die in den Naturwissenschaften mit Ausnahme der physikalischen Grundlagenforschung (und möglicherweise sogar dort – siehe Earman u. a. 2002, Cartwright 1994) gang und gäbe sind, so stellt sich heraus, daß die meisten anerkannten Generalisierungen ungewiß sind, einen begrenzten Geltungsbereich haben und von Ausnahmen durchlöchert werden. In dem alten Vorstellungsrahmen gab es für echte wissenschaftliche Verallgemeinerungen nur zwei

Kategorien: Sie waren entweder Naturgesetze oder zufällige Wahrheiten. Wir dürfen jedoch nicht den größten Teil unserer Kenntnisse aus Chemie, Biologie, Psychologie und Sozialwissenschaften in den großen Topf der zufälligen Wahrheiten werfen. Denn in diesem würden sie mit begrenzt nützlichen Aussagen vermischt wie: »Alle Münzen in Goodmans Tasche sind aus Silber« – dem klassischen Beispiel für eine Generalisierung ohne Gesetzescharakter (Goodman 1947). Statt dessen müssen wir den begrifflichen Raum der Gesetze erweitern, so daß er auch das unterschiedliche Ausmaß von Kontingenz, Stabilität und Geltungsbereich der abgebildeten Kausalstrukturen umfaßt. In der neuen Erkenntnismethode des integrativen Pluralismus gibt es nicht nur grundlegende physikalische Elementarteilchen, und nicht alle Gesetze sind von Natur aus notwendig, allgemeingültig und ohne Ausnahme.

Im integrativen Pluralismus werden die Standards, durch die eine der vielen Wahrheiten über die Welt Eingang in die wissenschaftlichen Kenntnisse findet, nicht durch Absolutismus, sondern durch Pragmatismus erfüllt. Wenn wir die durch Reduktion erzielte Einheitlichkeit ablehnen, öffnet sich unser Blick, und wir können anerkennen, daß ein Aspekt einer Kausalstruktur durch mehrere Abbildungen zutreffend beschrieben wird. Ob eine bestimmte Abbildung akzeptiert und in Untersuchungen oder zum Handeln angewandt wird, hängt zum Teil von pragmatischen Interessen ab, das heißt von der Frage, welche Ziele wir durch Anwendung der Abbildung erreichen wollen. Wenn die Reduktion auf die unterste materielle Beschreibung nicht mehr notwendig ist, braucht die Abstraktionsebene nicht im voraus festgelegt zu werden. Manche Gesetzmäßigkeiten werden zum Beispiel nur dann erkennbar, wenn man die materiellen Einzelheiten unbeachtet läßt. Darwin konnte seine Erkenntnisse über die Kausalstruktur der Anpassung nur dadurch gewinnen, daß er Ähnlichkeiten zwischen ganz unterschiedlichen Systemen erkannte, so zwischen den Varianten von Schlüsselblumen und Galapagosfinken. Die beiden Populationen unterscheiden sich in nahezu allen materiellen Eigenschaften. Darwins Theorie setzte voraus, daß er von der Materie auf die Struktur abstrahierte – er erkannte, daß in beiden Systemen der gleiche Zusammenhang zwischen der relativen Verfassung der überlebenden Individuen einer Population und ihrer jeweiligen Umwelt bestand. Um die Anpassung der biologischen Arten zu erklären, äußerte Darwin die Ansicht, daß die auf Varianten einwirkende natürliche Selektion denjenigen Individuen das Überleben ermöglicht, die geringfügige Vorteile besitzen, ganz gleich, ob es sich bei diesen Vorteilen um einen längeren Stengel, einen kräftigeren Schnabel oder eine dunklere Pigmentierung handelt (siehe Mitchell 1993). Auch andere pragmatische Merkmale wie die kognitive Zugänglichkeit oder das Interesse an der Beseitigung unerwünschter Effekte im Gegensatz zur Erzeugung erwünschter Effekte sind von Bedeutung dafür, wie angemessen verschiedene wissenschaftliche Abbildungen sind.

Und schließlich tritt im integrativen Pluralismus ein dynamischer, sich weiterentwickelnder Charakter des Wissens an die Stelle der unbeweglichen Allgemeingültigkeit. Während das Universum sich entwickelte und das Leben auf unserem Planeten seine Evolution durchmachte, entstanden auch neue Kausalstrukturen. Während der Evolution der Sterne wurden neue Elemente geschaffen, und der Prozeß der Artbildung brachte neue Formen von Individualität, Fortpflanzung und Überlebensstrategien hervor. Unsere Kenntnisse über die von den neuen Systemen definierten Kausalstrukturen entwickeln sich mit der im Wandel begriffenen Welt weiter. Nicht alle Kausalstrukturen sind gleichermaßen historische Zufälle – manche wurden auch in den ersten drei Minuten nach dem Urknall festgelegt (Weinberg 1994), andere, beispielsweise Retroviren oder die gesellschaftlichen Einrichtungen der Menschen, sind neueren Datums und kurzlebig. Manche komplexen Anordnungen führen zu neuen Wechselwirkungen, und diese lassen neue Strukturen entstehen, die neuen Gesetzmäßigkeiten gehorchen. So kann man beispielsweise mit gutem Grund annehmen, daß die Arbeitsteilung, ein Schlüsselelement der Gesellschaftsbildung, ursprünglich durch Selbstorganisationsmechanismen bei interagierenden, einzeln lebenden Insekten entstand; erst später folgte dann die Feinabstimmung ihrer Merkmale durch natürliche Selektion auf der Ebene der Kolonie (Page und Mitchell 1998). Unsere Welt ist in ständigem Wandel begriffen, und entsprechend muß auch unser Wissen sich wandeln. Das vordergründige Verlangen nach einem statischen, allgemeingültigen Wissensschatz, der keine Ausnahmen kennt, ist ganz einfach eine falsche Vorstellung. Das besser zutreffende, dynamische Bild der Komplexität bringt neue Folgerungen für den Erkenntnisprozeß mit sich.

Wie erforscht man eine Welt aus Elementen, die mit ihrem Verhalten auf halbem Weg zwischen Parmenides' Bild eines unveränderlichen Universums und Heraklits[3] Vorstellung von der ständigen Fluktuation aller Eigenschaften stehen? Unsere Konzeption von Erkenntnis und Wissenschaft sowie die darauf aufbauenden Handlungen müssen sich ändern. Wie entscheiden wir, mit welcher Vorgehensweise wir uns auf die besten wissenschaftlichen Kenntnisse unserer Zeit stützen und gleichzeitig unsere individuellen und kollektiven Ziele verfolgen können? In dichte Zusammenhänge eingebundene kausale Netzwerke, chaotischer Determinismus und eine nicht zu beseitigende Unsicherheit erfordern neue Strategien für Experimente und Entscheidungsprozesse. Sicherheit oder eine hohe Wahrscheinlichkeit, daß es zu einem vorhersehbaren Ergebnis kommt, machen einer Abbildung in Form einer Projektion in mehreren Szenarien Platz. Ein für allemal getroffene politische Entscheidungen müssen dem Prinzip des anpassungsorientierten Managements Platz machen, die ständige Überwachung, Aktualisierung und Neubewertung von Handlungen erfordern (Murray und Marmorek 2003).

Daß die Zeit für eine neue Vorgehensweise beim Erkenntnisgewinn reif ist, liegt nicht nur daran, daß der alte Rahmen Probleme aufwirft. Der Wissenschaft stehen heute computergestützte Verfahren zur Verfügung, die eine neue Abbildung der Komplexität ermöglichen. Wir müssen uns weder auf das beschränken, was wir uns in unserem Kopf vorstellen und ausmalen können, noch auf mathematische Darstellungen, die geschlossene Lösungen zulassen. Verfahren für rein computergestützte Lösungen sowie die zugehörige visuelle Darstellung komplexer Differentialgleichungen und anderer mathematischer Abbildungen der Welt sind mittlerweile gang und gäbe. Aus den Fortschritten der Computertechnik erwuchs die Möglichkeit, Systeme mit verschiedenen Werten für eine große Anzahl von Parametern und Zusammenhängen zu simulieren. Wir brauchen nicht mehr zu warten oder ein physikalisches Experiment aufzubauen, in dem sich diese Werte verkörpern, sondern wir können weitaus mehr Daten und Interaktionen handhaben. Außerdem können wir mit Computerhilfe gewaltige Informationsmengen speichern, die für die Anwendung nichtallgemeingültiger, von Ausnahmen durchsetzter Gesetzmäßigkeiten in neuen Zusammenhängen notwendig sind. Eine auf Komplexität eingestellte Methode zum Erkenntnisgewinn wird nicht zu wirklich universellen, überall in Raum und Zeit anwendbaren Gesetzen gelangen, sondern zu kontingenten, auf bestimmte Bereiche beschränkten Verallgemeinerungen, die mehr oder weniger stabile Kausalstrukturen beschreiben und zu deren Anwendung man so viele Daten heranziehen muß, daß ein einzelnes menschliches Gehirn sie nicht mehr handhaben kann. Der Aufschwung der computergestützten Hilfsmittel und Darstellungen schafft die Möglichkeit, die Erkenntnismethode des integrativen Pluralismus auch kognitiv im Griff zu behalten.

Dieses Buch soll die Diskussion darüber anstoßen, wie man die traditionellen Ansichten über Wissenschaft und Wissenserwerb erneuern kann, die im 19. Jahrhundert von englischen Philosophen formuliert wurden. Damals war es das Ziel, aus jedem Wissenschaftler einen kleinen Newton zu machen, und solche Sichtweisen spielen in philosophischen Betrachtungen der Naturwissenschaft bis heute eine beherrschende Rolle. Im folgenden behandle ich drei Bereiche des Denkens und Handelns, in denen die Komplexität von uns verlangt, alte Vorstellungen über rationales Überlegen und Handeln zu revidieren. Ich werde untersuchen, wie die Komplexität und Kontingenz natürlicher Vorgänge dreierlei verändert:

- die Art, wie wir die Welt *in Begriffe fassen*;
- die Art, wie wir die Welt *erforschen*; und
- die Art, wie wir in der Welt *handeln*.

Durch die Untersuchung von Beispielen, die für den alten erkenntnistheoretischen Rahmen Probleme aufwerfen, werde ich in diesem Buch definieren, welche Voraussetzungen der integrative Pluralismus erfüllen muß. Statt den heutigen Stand der naturwissenschaftlichen Kenntnisse weiterhin in das zur Zwangsjacke gewordene Korsett einer reduktiven, fundamentalen, monistischen Sichtweise zu zwängen, müssen wir mit der Erweiterung unseres begrifflichen Rahmens das ganze Bild dessen ändern, was wir als legitime Wissenschaft betrachten. Das Bild von notwendigen, allgemeingültigen Gesetzen, mit denen man Ereignisse an jedem Ort und zu jedem Zeitpunkt vorhersagen kann und die entsprechend auch erklären, was an jedem Ort und zu jeder Zeit geschehen ist, war ein hehres, vernünftiges Ziel, aber es ist unvollständig. An seine Stelle muß ein neues Verständnis für die Welt und unsere Abbildung von ihr treten: Die Welt ist ein reichhaltiges, vielgestaltiges, verwobenes Gefüge aus vielen Erklärungen und Erklärungsebenen, die integriert werden müssen, um zur Grundlage für effiziente Voraussagen und Handlungen zu werden.

Warum wir unser Naturverständnis ändern sollten

Wie unterscheiden sich einfache und komplexe Strukturen? Anhand welcher Merkmale sollte die Wissenschaft »komplexe Systeme« definieren, wenn sie die Natur besser verstehen will? Das sind die zentralen Fragen in diesem Buch. Meine Beispiele stammen größtenteils aus der Biologie, aber die Erkenntnisse, die man daraus gewinnen kann, haben einen größeren Anwendungsbereich. Dieser erstreckt sich unter anderem auf die Sozialwissenschaften, deren Komplexität die der Biologie einschließt und darüber hinausgeht (siehe Eve u. a. 1997).

In biologischen Systemen ist Komplexität allgegenwärtig. Unter anderem erkennt man sie am organischen Aufbau eines Menschen aus 46 Chromosomen, ungefähr 210 verschiedenen Zelltypen und mehr als 30 000 Genen. Ein Volk von Honigbienen besteht aus Zehntausenden von Individuen, die eine komplizierte

Arbeitsteilung praktizieren. Die individuelle Aufgabenerfüllung richtet sich dabei nach den inneren und äußeren Bedürfnissen der ganzen Kolonie, wobei Alter und Erfahrung den Leitfaden bilden. Ein anderes Beispiel ist der eukaryontische Schleimpilz *Dictyostelium discoideum*, der in zwei Zuständen leben kann: zum einen als Population einzelner, einzelliger Amöben, zum anderen aber auch als vielzelliger Organismus, der sich bei Nährstoffentzug durch Zusammenlagerung der Amöben bildet (Kessen 2001). Biologische Systeme sind ein guter Kontext, wenn man ergründen will, wie komplexe Systeme sich von einfachen unterscheiden und mit welchen Spielarten der Komplexität sich die Wissenschaft heute auseinandersetzen muß. Alle zuvor erwähnten biologischen Systeme zeigen verschiedene Formen von Komplexität, wie ich sie nenne: Organisation auf vielen Ebenen, kausale Wechselbeziehungen zahlreicher Komponenten, Wandelbarkeit im Verhältnis zu einem sich wandelnden Kontext und evolutionsbedingte Unwägbarkeiten. Die Erkenntnis, daß die Komplexität selbst mit ihren Spielarten »vielgestaltig« ist, ist eine wesentliche Voraussetzung für die Begründung des integrativen Pluralismus als Weg zum Erkenntnisgewinn. Im folgenden werde ich mich mit den Kategorien der Komplexität befassen. Dazu erörtere ich als erstes die Organisation auf vielen Ebenen und die evolutionsbedingte Kontingenz. Anschließend komme ich auf kausale Wechselbeziehungen zahlreicher Komponenten und auf die Wandelbarkeit zurück.

Organisation auf vielen Ebenen: Komposition und Kausalität

Daß es in der Biologie eine Hierarchie der Organisationsebenen gibt, ist allgemein bekannt. Betrachten wir beispielsweise einen menschlichen Organismus: Er besteht aus Molekülen (DNA, Proteine), Zellen (Neuronen, Hautzellen), Geweben (Bindegewebe, Gehirn), Organen (Herz, Niere), Organsystemen (Atemwege, Verdauungstrakt), und ganz oben steht der Gesamtorganismus (der ganze Körper). Was einem einzelnen Organismus zustößt, geschieht zugleich mit seinen Teilen oder zumindest einigen davon. Aber wie bestimmt oder erklärt das Verhalten der Teile das Verhalten der umfassenderen Struktur oder anderer Strukturen auf der nächsthöheren Organisationsebene? Die traditionellen Methoden des Zergliederns und Analysierens »reduzieren« ein komplexes System auf seine Teile; man untersucht die Einzelkomponenten und will so das Verhalten des Ganzen verstehen. Aber wie wir noch genauer erfahren werden, ist ein System auf unterschiedliche Arten aus seinen Teilen aufgebaut, von der einfachen Anhäufung bis zu dynamischen Rückkopplungsstrukturen. Deshalb kann die Geschichte, die man in der Sprache der Einzelteile erzählt, unterschiedliche Erkenntnisse für das Verstehen des Ganzen liefern (Simon 1962, Bechtel und Richardson 1993, Wimsatt 1986, 2000, 2007, Kauffman 1984, 1993). Die Zusammensetzung eines Systems aus seinen Teilen ist je nach dem Zusammenhang unterschiedlich, und entsprechend unterschiedlich müssen auch unsere Abbildungen und Analysen sein.

Wenn man verstehen will, wie die heutige Wissenschaft verschiedenartige komplexe Zusammensetzungen analysiert, und wenn man beschreiben will, wie komplexe Strukturen sich aus ihren Einzelteilen zusammensetzen, muß man einige tiefverwurzelte Annahmen über reduktionistische Erklärungsstrategien in Frage stellen. Wie zuvor bereits erläutert, wurde Reduktion häufig als Ziel wissenschaftlicher Erklärungen genannt, aber es gab langwierige Diskussionen über die Frage, was Reduktion eigentlich ist und was für Erklärungen sie liefert. Es gibt stärkere und schwächere Versionen der Reduktion: ontologische, erkenntnistheoretische und methodische (Schaffner 2002 und Schaffner noch unveröffentlicht). Allen gemeinsam ist die Vorstellung, daß die Erklärung »aufwärts« gerichtet ist – vom Verhalten der Grundbestandteile zum Verhalten des aus ihnen zusammengesetzten Systems. In seiner stärksten Version behauptet der Reduktionismus: Kausale Fähigkeiten liegen ausschließlich auf der Ebene der Grundbestandteile, und die Erklärung eines Systems von Verhaltensweisen gewinnt nichts hinzu, wenn man die Eigenschaften höherer Ebenen anspricht. Für einfache, mechanische Beispiele stimmt dieses Bild. Das Verhalten eines Autos läßt sich auf das Verhalten der vielen Teile reduzieren, aus denen es zusammengesetzt ist. Betrachtet man die Methodologie, so strebt man mit der reduktionistischen Strategie nach Erklärungen für das Verhalten eines Gebildes, indem man das Verhalten seiner grundlegenden Bestandteile erklärt. Als Beispiele für eine erfolgreiche Reduktion werden manchmal die thermodynamischen Theorien für Wärme und Temperatur genannt: Sie erklären, daß die makroskopischen Phänomene – Temperatur und Druck von Gasen – »nichts anderes« seien als die Bewegungen ihrer molekularen Bestandteile. Dagegen lautet die Ansicht, die ich hier wie andere vor mir vertreten werde: Die Reduktion auf »nichts anderes als« die Dinge, die kausal bedeutsam, »wirklich« oder für eine Erklärung ausreichend sind, kann wichtige Verhaltensmerkmale komplexer Systeme nicht erfassen.

Statt mich für eine umfassende Reduktionismus-Ablehnung als Gegenmittel zum obligatorischen Reduktionismus einzusetzen, werde ich die Ansicht vertreten, daß der Reduktionismus in seiner stärksten Form einen zu dürftigen Rahmen darstellt, der interessante Ergebnisse aus der wissenschaftlichen Untersuchung komplexer Systeme nicht erfassen kann. Seine Strategie zielt nicht in die falsche Richtung, aber sie ist unvollständig und sollte zu einem Teil einer umfassenderen Methode des Erkenntnisgewinns werden.

Für den Reduktionismus gibt es überzeugende Argumente. Die Intuition spricht dafür, die Natur auf ihre Bestandteile zu reduzieren, die man dann wissenschaftlich erklärt und beschreibt. Wir leben in einer einzigen Welt. Spätestens seit der cartesianische Leib-Seele-Dualismus abgelehnt wurde, besteht allgemein Einigkeit darüber, daß unsere gesamte Welt letztlich aus einem einzigen »Stoff« aufgebaut ist, nämlich aus Materie oder Masse/Energie. Die Wissenschaft beschäftigt sich zwar mit verschiedenen Aspekten dieser einen Welt, beispielsweise mit Elementarteilchen, chemischen Reaktionen, biologischer Entwicklung, der Evolution des Kosmos und so weiter, aber es bleibt die Tatsache, daß es dabei immer um ein und dieselbe Welt geht. Auf den ersten Blick besteht Grund zu der Annahme, daß die von der Wissenschaft entwickelten Abbildungen und Erklärungen untereinander in einer engen Beziehung stehen – daß zwischen ihnen eine starke Übereinstimmung und Einheitlichkeit besteht; immerhin erfassen wahrheitsgetreue Abbildungen ja in der letzten Analyse die Beziehungen und Kausalstrukturen einer einzigen Welt. Aus dem gleichen Grund rechnet man damit, daß unterschiedliche Vorstellungen desselben physikalischen Systems letztlich dieselben Beziehungen enthalten.

Die Reduktion erfaßt aber nur eine mögliche Art solcher vereinheitlichenden Beziehungen. Ob sie plausibel ist, hängt nach meiner Überzeugung von der Annahme der materiellen Zusammensetzung ab, das heißt, man unterstellt, daß jedes Objekt nur aus einer einzigen Substanz besteht: der Materie. Deshalb ergibt sich Komplexität immer aus der Zusammenstellung materieller Einzelteile. Dies legt aber häufig die noch stärkere Behauptung nahe, daß es eine grundlegende Beschreibungsebene gibt, die der fundamentalen Ebene der Materie entspricht (siehe Moser und Trout 1995). Nach meiner Auffassung werden hier zwei Dinge verwechselt: auf der einen Seite der kompositionale Materialismus, auf der anderen ein erklärungstheoretischer Reduktionismus. Der erste bezieht sich darauf, wie komplexe Strukturen aufgebaut sind. Der zweite geht von einer bevorzugten Ebene der Beschreibung aus, durch die alle Behauptungen ausgedrückt werden. Außerdem erfassen Annahmen über Kausalität, die sich auf den zu stark vereinfachten kompositionalen Materialismus gründen, zwar die einfachsten Formen der Kausalzusammenhänge, sie lassen aber chaotischen Determinismus und interaktive Rückkopplung außer acht. Auch wenn man eine komplexere Dynamik der Kausalität begreift, wird ein einfach gestrickter Reduktionismus unmöglich.

Ein Begriff, der in unmittelbarem Gegensatz zur Reduktion steht, ist die »Emergenz«. Von Aristoteles stammt angeblich der Satz »Das Ganze ist mehr als die Summe seiner Teile«, der in seinen Erörterungen zu Kausalität von Teil und Ganzem in der *Metaphysik* (Annas 1976) stehen soll. Seither haben sich die Philosophen viele Gedanken um die Frage gemacht, was die Formulierungen »ist mehr als« und »Summe« bedeuten. Emergenz hat unterschiedliche Aspekte, die den unterschiedlichen Aspekten der Reduktion gegenüberstehen (siehe Delehanty

2005). Metaphysische Emergenzdoktrinen, die eine ganz andere, einzigartige Substanz oberhalb und jenseits des Materiellen postulieren, stehen in krassem Gegensatz zum Materialismus, der sämtlichen heutigen Naturwissenschaften zugrunde liegt. Manche Autoren kritisieren zwar den Materialismus im Namen einer theologischen Weltsicht (Beilby 2002), aber seit dem 17. Jahrhundert besagt eine Grundannahme der Naturwissenschaft, daß Erklärungen sich nur auf die Eigenschaften und das Verhalten materieller Substanzen beziehen können. Diesem Grundsatz stimme ich zu. Es gibt aber für die Emergenz auch andere Interpretationen, die nicht im Konflikt mit dem Materialismus stehen und dennoch zeigen, daß eine einfache Reduktionsstrategie nicht ausreicht. Dies sind die einzigen Beschreibungsformen, die man sinnvollerweise berücksichtigen kann, wenn man die Komplexität in der Form, in der sie Gegenstand der heutigen Wissenschaft ist, verstehen will.

Meine Behauptung lautet: Die reduktionistische Annahme, man könne alle komplex zusammengesetzten Strukturen und Systeme ausschließlich durch Untersuchung der Eigenschaften ihrer einfachsten Bestandteile restlos erklären, läßt sich nicht aufrechterhalten. Nach einer Definition britischer Philosophen aus dem 19. Jahrhundert ist Emergenz ausdrücklich nicht reduzierbar, und sie läßt sich mit den Gesetzen, die für ihre Einzelteile gelten, nicht erklären. Nach dieser Vorstellung, die von John Stuart Mill, C. D. Broad und anderen vertreten wurde, ist Emergenz gekennzeichnet durch die erkenntnistheoretischen Merkmale der Nichterklärbarkeit und Nichtreduzierbarkeit (siehe McLaughlin 1992). Mill bezeichnete die qualitativen Merkmale des Wassers (Flüssigkeit, Nässe, Turbulenz) als emergent, weil man sie mit den Eigenschaften der aus Wasserstoff und Sauerstoff bestehenden Moleküle nicht erklären konnte. Die Atome, aus denen sie zusammengesetzt sind, kann man nicht als flüssig, naß oder turbulent bezeichnen. Ebenso galten emergente biologische Eigenschaften als unerklärlich unter dem Gesichtspunkt chemischer Eigenschaften, psychologische Eigenschaften ließen sich nicht mit biologischen Eigenschaften erklären, und so weiter. Der Naturwissenschaft des 20. Jahrhunderts gelang es jedoch, für viele Eigenschaften, die Denker wie Mill und Broad noch als emergent bezeichnet hatten, durch erfolgreiche Reduktion eine Erklärung zu finden. Mit der quantenmechanischen Beschreibung chemischer Bindungen[4] und der Erklärung biologischer Vererbungsphänomene durch die Biochemie der DNA konnte man dann die Eigenschaften chemischer Verbindungen wie Wasser und viele Merkmale lebender Organismen mit den Eigenschaften ihrer Bestandteile erklären (siehe Schaffner 1993) – so schien es zumindest. Tatsächlich ist die Frage immer noch umstritten. Auch manche zeitgenössischen Wissenschaftler sind der Auffassung, daß die Eigenschaften chemischer Verbindungen sich nicht durch die Merkmale ihrer Bestandteile umfassend erklären lassen (siehe beispielsweise Scerri 1994). Viele Beispiele für Emergenz, die man im 19. und frühen 20. Jahrhundert genannt hatte, waren damit hinfällig. Dies führte dazu, daß der Begriff »Emergenz« von den zwanziger bis in die sechziger Jahre des letzten Jahrhunderts hinein in der Naturwissenschaft fast völlig verschwand.

Die Wiederbelebung des Emergenzbegriffs in den siebziger Jahren fiel mit dem Interesse an chemischer und neurologischer Komplexität sowie Entwicklungen in der Festkörperphysik zusammen (siehe Sperry 1969, 1991). Weite Verbreitung fand er dann mit dem Aufschwung der Komplexitätsforschung, wie sie heute genannt wird (Prigogine 1997, Bak 1996, Amaral und Ottino 2004, Lewin 1992). Als das wissenschaftliche Interesse an der Emergenz wuchs, entwickelten Philosophen eine Reihe verschiedener Vorstellungen davon, was als emergent zu bezeichnen ist. Meist ging es dabei um die Emergenz des Bewußtseins und um die Frage, ob sich geistige Zustände wie Überzeugungen und Wünsche auf die neurologischen, materiellen Eigenschaften des Gehirns reduzieren lassen (Beckermann u. a. 1992, Blitz 1992, Anderson u. a. 2000, Clayton und Davies 2006, Humphreys 1997, O'Connor 1994, O'Connor and Wong 2005, Rueger 2000, Silberstein and McGeever 1999, Stephan 1997). Insbesondere Jaegwon Kim wollte einen umfassenden Emergenzbegriff klären und zurückweisen, weil dieser nach seiner Überzeugung im Denken der frühen britischen Emergenztheoretiker wurzelte. In seinem 1999 erschienenen Artikel über Emergenz (Kim 1999) versucht er darzulegen, was physikalisch geprägte Emergenz sein könnte: »Komplexe, aus diesen materiellen Teilchen zusammengesetzte Systeme zeigen plötzlich echte neuartige Eigenschaften, die sich nicht auf die Eigenschaften der Bestandteile zurückführen lassen und mit ihrer Hilfe weder vorhersagbar noch erklärbar sind« (Kim 1999, S. 4). Es ist eindeutig ein Rätsel: Wie kann eine Eigenschaft höherer Ordnung einerseits ihre Wurzeln in den physikalischen Grundbausteinen haben (Wasser ist nichts anderes als H_2O) und andererseits etwas Neues sein, das sich aus den Eigenschaften der Bestandteile allein nicht vorhersagen läßt? Und selbst wenn eine solche Eigenschaft sinnvoll erscheint, stellt sich die Frage: Wie kann eine emergente Eigenschaft nicht nur kausal von ihrer physikalischen Grundlage losgelöst sein, sondern auch noch die Eigenschaften der physikalischen Bestandteile verändern? Kim formuliert es so:

»Wie aber ist es möglich, daß das Ganze eine kausale Wirkung auf seine Einzelteile hat, von denen seine Existenz und seine ganze Natur abhängen? Angenommen, Kausalität oder Vorherbestimmung sind übertragbar: Folgt daraus nicht letztlich eine Art Selbstverursachung oder Selbstdetermination – was offenkundig absurd ist?« (Kim 1999, S. 28)

Kim unternimmt eine logische Analyse. »Emergent« bedeutet »nicht reduzierbar«. Aber welche Voraussetzungen muß eine Eigenschaft dann erfüllen, damit man sie auf ihre physikalischen oder materiellen Bestandteile zurückführen kann? Nach Kims Auffassung läßt sich eine Eigenschaft höherer Ordnung wie beispielsweise der Schmerz auf ihre physische Realisierung reduzieren, wenn man die Eigenschaft höherer Ordnung funktional beschreibt und dann nachweist, daß der Gegenstand der Beschreibung mit einem physischen Objekt identisch ist. Eine funktionsbezogene Beschreibung bezieht sich in Kims Augen nicht auf Strukturbestandteile, sondern auf Ursachen und Wirkungen. Unter Funktionsgesichtspunkten bedeutet die Eigenschaft »Schmerzen haben«, daß man »sich in einem Zustand befindet, ... der durch eine Gewebeschädigung verursacht wurde und zu Wimmern oder Stöhnen führt« (Kim 1999, S. 13). Kim *unterstellt* also, daß alles, was an der Stelle der Eigenschaft höherer Ordnung steht – und was in diesem Beispiel mit dem Begriff »Schmerz« bezeichnet wird –, sich gleichzeitig auch unter dem Gesichtspunkt seiner physischen Bestandteile beschreiben läßt, in diesem Fall als physischer Zustand des Nervensystems. Für diesen gilt wiederum das gleiche Kausalprinzip: Er wird durch einen Gewebeschaden ausgelöst und führt zu Wimmern oder Stöhnen. Schmerz läßt sich reduzieren, wenn er nichts anderes ist als der Gegenstand seiner neurologischen Verwirklichung.

Weiter erklärt Kim, es sei nach dieser Beschreibung der Reduktion äußerst schwierig, irgendeine Eigenschaft als emergent zu bezeichnen. Wenn irgendeine Eigenschaft höherer Ordnung von X verursacht wird und ihrerseits Y verursacht, kann man immer irgendeine Zusammenstellung der materiellen Bestandteile benennen, in der sich die Eigenschaft, von X verursacht zu werden und Y zu verursachen, verwirklicht. Um zu dieser Schlußfolgerung zu gelangen, geht Kim von einer kühnen Voraussetzung aus: »Für jedes materielle Objekt gibt es eine einzigartige, vollständige Beschreibung der Mikrostruktur« (Kim 1999, S. 6). Wenn man die Funktionseigenschaft auf der höheren Ebene des Systems in den richtigen Teil einer *einzigartigen, vollständigen* Beschreibung auf niedrigerer Ebene umsetzen kann, läßt sich jede Erklärung auf beiden Ebenen vollziehen, auf beiden Ebenen kann man (unabhängig davon, ob wir derzeit über die erforderlichen Mittel verfügen oder nicht) jede Voraussage formulieren, und auf der höheren Ebene gäbe es angesichts der materiellen Beschreibung nichts, was neuartig oder unvorhersagbar wäre.

Wieviel Raum bleibt nach Kims Beschreibung der Reduktion noch für die Emergenz? Nicht viel. Eine Eigenschaft höherer Ordnung, die auf der niedrigeren Ebene ihrer Bestandteile unerklärlich, neuartig und unvorhersagbar wäre, müßte in einem gewissen Sinn völlig intrinsisch sein, so daß sie sich mit extrinsischen, funktionsbezogenen Begriffen, die sich auf ihre Ursachen und Wirkungen beziehen, nicht beschreiben läßt. Der *naturwissenschaftliche* Zugang zu Eigenschaften und Objekten besteht aber ausschließlich darin, daß man fragt, welche Vorgänge oder Veränderungen sie verursachen und welche Vorgänge oder Veränderungen von ihnen verursacht werden. So könnte man beispielsweise alles, was meßbar ist, unter Funktionsgesichtspunkten in der von Kim skizzierten Weise neu beschreiben. Alles, was im Hinblick auf seine Funktion beschreibbar ist, könnte dann mit einer Beschreibung auf niedrigerer Ebene erfaßt werden. Damit verlieren Erklärungen und Voraussagen, die sich auf Eigenschaften höherer Ordnung stützen, ihren Anspruch auf Emergenz. Von den Eigenschaften, die derzeit in der Naturwissenschaft als emergent bezeichnet werden (zum Beispiel das Farbmuster von Säugetieren oder das Schwarmverhalten von Vögeln), ist keine nach Kims Begriffen emergent. Die einzigen Fälle von Emergenz, die Kim gelten läßt, sind die phänomenalen Eigenschaften des Bewußtseins, beispielsweise das Gefühl, Schmerzen zu haben, nicht aber die Ursachen und Folgen der Schmerzen. Derart subjektive Empfindungen liegen aber als solche nicht im Gesichtskreis der Naturwissenschaften.

Kim nennt klare Bedingungen, die eine Eigenschaft seiner Auffassung nach erfüllen müßte, damit man sie als wirklich neu, aus den Eigenschaften ihrer materiellen Bestandteile nicht vorhersagbar, unerklärlich und nicht reduzierbar bezeichnen könnte:

»Wenn es emergente Eigenschaften gibt, sind sie im Hinblick auf ihre Ursachen und damit auch für Erklärungen unzugänglich, das heißt, sie sind für die Zwecke einer kausalen, erklärenden Theorie weitgehend nutzlos. Wenn diese Überlegungen richtig sind, können Eigenschaften höherer Ordnung nur dann als Ursache von Kausalbeziehungen auf niedrigeren Ebenen dienen, wenn sie sich auf Eigenschaften niedrigerer Ordnung zurückführen lassen. Das Paradox liegt darin, daß derart reduzierbare Eigenschaften keine Eigenschaften ›höherer Ordnung‹ mehr sind.« (Kim 1999, S. 33)

Für Kim sind alle Eigenschaften auf der höheren Ebene von der unteren Ebene abhängig. Deshalb kommt auch keine Eigenschaft der höheren Ebene als eine unabhängige Ursache für das Verhalten auf der niedrigeren Ebene in Frage. Nach seiner Beschreibung kann man nichts, was naturwissenschaftlichen

Untersuchungen zugänglich ist, als emergent bezeichnen. Deshalb ist es nicht verwunderlich, daß das interessanteste Merkmal der emergenten Eigenschaften – nämlich ihre Fähigkeit, als autonome Ursache zu wirken – sich fast nicht mehr verteidigen läßt, wenn man seine Analyse anerkennt. Kims Argumentation ist sauber und in sich schlüssig. Allerdings geht er von der strittigen Annahme aus, daß Emergenz nach dem heutigen Stand der Wissenschaft nur ein Papiertiger sein könne, den man ablehnen müsse. Dann bleiben aber die Realitäten unberücksichtigt, mit denen die Komplexitätsforschung heute die Gemeinde der Philosophen konfrontiert. Ich lehne Kims Annahme, Reduzierbarkeit sei eine notwendige Folge der materiellen Realisierung von Kausalbeziehungen höherer Ordnung, ab und behaupte, daß emergente Eigenschaften ein Teil eines umfassenden Weges zum Erkenntnisgewinn sind.

Kims Beschreibung von Reduktion und Emergenz wirft vor allem ein Problem auf: Indem er am Materialismus festhält und damit bei der Überzeugung bleibt, daß es auf der höheren Ebene keine neue Substanz gibt, die sich auf mysteriöse Weise von der materiellen Substanz aller Dinge unterscheidet, macht er sich auch die viel schwerwiegendere Annahme zu eigen, daß sich die Phänomene der höheren Ebene stets mit den Begriffen des niedrigeren Niveaus eindeutig und umfassend beschreiben lassen. Wenn wir uns mit Typen von Phänomenen höherer Ebene (statt mit Einzelfällen) beschäftigen, ist das Kriterium der Eindeutigkeit nicht erfüllt. Dies ist das allgemein bekannte Problem der multiplen Realisierbarkeit. Um noch einmal auf Kims Beispiel mit den Schmerzen zurückzukommen: Betrachtet man Schmerzen im allgemeinen, so verwirklicht sich jeder Einzelfall in Form einer bestimmten neurologischen Mikrostruktur, aber diese Mikrostruktur kann bei verschiedenen Personen, welche die gleichen Schmerzen erleben, und auch bei einem einzelnen Menschen sehr unterschiedlich aussehen. In den Augen mancher Autoren reicht diese Tatsache aus, um eine Eigenschaft auf der höheren Ebene im Vergleich zu den verschiedenen materiellen Formen ihrer Verwirklichung als etwas Andersartiges auszuweisen. Für andere ist es ein Hinweis, daß ein tatsächliches, materielles Ereignis sich auf verschiedenen Abstraktionsebenen mit unterschiedlichen Begriffen erfassen läßt (Fodor 1974, Putnam 1967, Pylyshyn 1984).

Solchen Reaktionen ist eine Sichtweise gemeinsam: Sie gehen von einer Eigenschaft auf einer niedrigen Ebene aus, vergleichen sie mit einer Eigenschaft höherer Ordnung und versuchen dann festzustellen, ob es sich um eine einzige Eigenschaft (vielleicht mit zwei Beschreibungen) handelt oder ob zwei Eigenschaften durch eine reduzierende Beschreibungsfunktion miteinander verbunden sind. Völlig übergangen wird dabei allerdings eine Frage, die im Mittelpunkt zahlreicher Aspekte der Emergenzforschung steht: *Wie* entsteht die Eigenschaft auf höherer Ebene, und was für Beziehungen bestehen in der Natur zwischen Eigenschaften niedrigerer und höherer Ordnung? Logische Analysen dieses Typs sind häufig zu statisch und können die dynamische Realität, die der unmittelbare Gegenstand der praktischen Wissenschaft ist, nicht richtig wiedergeben.

Wenn wir eine statische Momentaufnahme von den niedrigeren und höheren Ebenen anfertigen, geht die Dynamik bei der Ausbildung der höheren Ebene verloren. Wie wir aus der neueren Forschung wissen, entstehen die stabilen Eigenschaften der höheren Ebenen durch Prozesse, an denen häufig negative und positive Rückkopplung beteiligt ist, und diese Prozesse lassen sich mit einer statischen Sichtweise nicht ohne weiteres erfassen. Mit seinem Versuch, den philosophischen Emergenzbegriff zu klären, hat Kim ihn aller naturwissenschaftlich interessanten Aspekte beraubt, und deshalb trifft er nicht auf die Eigenschaften zu, die in der Wissenschaft als emergent bezeichnet werden, wie die Arbeitsteilung in Kolonien gesellschaftsbildender Insekten: Hier gibt es unterschiedliche materielle Beschreibungen für verschiedene Ameisen-, Bienen- oder Termitenarten sowie für die Dynamik bei der Entstehung der Eigenschaften höherer Ordnung und für die Beschränkungen, die diese den einzelnen Bestandteilen anschließend auferlegen.[5]

Die von Kim entwickelte Argumentation wirft aber auch ein philosophisches Problem auf: Der Materialismus der Zusammensetzung (»Alle Dinge sind letztlich aus einer einzigen Substanz aufgebaut«) wird verwechselt mit deskriptivem Fundamentalismus (»Es gibt eine vorrangige, umfassende Beschreibung der Welt unter dem Gesichtspunkt ihrer Grundbestandteile«). Warum ist das ein Problem? Jede Beschreibung ist eine Abstraktion oder Idealisierung. Beschreibungen stehen nicht in einer Eins-zu-eins-Beziehung mit der Gesamtheit der nicht beschriebenen Welt (Kant sprach in seiner *Kritik der reinen Vernunft* von »Noumenon«). Der Gedanke, unsere Sprache (oder jedes andere Repräsentationsinstrument des Menschen) würde die materielle Welt genau wiedergeben, wurde seit Kant von den meisten Philosophen als irrig abgelehnt. Beschreibungen sind immer partiell. Die metaphysische Behauptung, es gebe auf physischer Ebene einzelne Prozesse, die physikalische Ergebnisse hervorbringen, ist unausweichlich, es sei denn, man wäre Dualist oder würde an Ereignisse ohne Ursache glauben. Dagegen ist die *Abbildung* dieser Vorgänge in einer Sprache – sei es der Wortschatz und die Syntax der formalen Logik oder die physikalische Grundlagenwissenschaft – etwas ganz anderes.

In der Regel lassen sich nicht alle Faktoren, die zur vollständigen Ursache eines physikalischen Ereignisses beitragen – beispielsweise wenn ein Fenster von einem Stein getroffen wird und zu Bruch geht –, in der Sprache der Physik mit einer einzigen Theorie wiedergeben. Die lokalen, zufälligen Aspekte jedes Kausalprozesses werden vom Spektrum der physikalischen Theorien und ihrer abstrakten Sprache nicht erfaßt (siehe Cartwright 1994, 1999, Cartwright u. a. 1995), und doch sind sie immer ein Teil der vollständigen Ursache. Der Kausalprozeß mag zwar ausschließlich aus *physischen* Gebilden bestehen – wie sollte es auch anders sein? Gleichzeitig gibt es aber keine Darstellung, die diesen Prozeß unter dem Gesichtspunkt *physikalischer* Gebilde vollständig erfaßt.

Was können wir über Emergenz in Erfahrung bringen, wenn wir ihre Anwendung in der Naturwissenschaft betrachten? In der wissenschaftlichen Darstellung komplexer biologischer und gesellschaftlicher Phänomene hat sich ein neues Verständnis für Emergenz durchgesetzt; dieses beinhaltet weder die nachdrücklichen erkenntnistheoretischen Annahmen der von Kim vertretenen philosophischen Sichtweise noch eine nichtmaterialistische Metaphysik, das heißt, es schließt Erklärungen auf niedrigeren oder höheren Ebenen nicht aus. Nach diesem Verständnis ist Emergenz das gleiche wie bestimmte zusammengesetzte, nicht ausschließlich auf Aggregation beruhende Strukturen wie beispielsweise die Selbstorganisation (siehe Wimsatt 1996, 2001, Bedau 1997, Kauffman 1993, 1995, Camazine u. a. 2001, Heylighen 1989, Feltz u. a. 2006). Aggregation ist eine besonders einfache Beziehung zwischen mehreren Bestandteilen und dem Ganzen: Das Gewicht eines Haufens Steine ist die Summe des Gewichts aller einzelnen Steine, und damit kann man es vorhersagen, erklären und auf die Eigenschaften der Bestandteile reduzieren. Eine Zusammensetzung kann sich aber auch auf unterschiedliche Weise von einer solchen Summierung unterscheiden, und dann ist ihre Reduktion nach Kims oder irgendeiner anderen Definition nicht möglich.

Im Dezember 2006 verbrachte ich einen einwöchigen Urlaub in Rom. Als ich auf dem Balkon unserer Wohnung stand und in Richtung des Pantheon blickte, fiel mir ein faszinierendes Phänomen auf. Vögel – später erfuhr ich, daß es sich um Stare handelte – flogen in einer anscheinend dynamisch geordneten, wellenförmig bewegten, spiralförmigen Formation (Bilder bei Rosen 2007, Feder 2007). Diese Anordnung ergibt sich genau wie die V-förmige Formation eines Gänseschwarms aus den einfachen Interaktionen zwischen den Vögeln, die sie mit ihrem individuellen Verhalten zustande bringen. Vorhersagen läßt sie sich nicht als Summe des Verhaltens aller einzelnen Vögel, sondern nur aufgrund der sich nicht summierenden Interaktion oder Selbstorganisation, die sich aus den lokalen Bewegungsregeln und der Rückkopplung zwischen den Individuen ergibt. Ontologisch betrachtet, handelt es sich nur um materielle Vögel; es gibt weder eine neue Substanz noch einen Regisseur, der auf einer höheren Ebene die Choreographie für die künstlerische Anordnung des Schwarmes festlegen würde. Hier handelt es sich um emergentes Verhalten.

»... In der Regel läßt sich nicht vorhersagen, wie die Wechselbeziehungen zwischen einer großen Zahl einzelner Bestandteile sich in einem System auf die Eigenschaften auf der Populationsebene auswirken. In solchen Systemen besteht häufig eine rekursive, nichtlineare Beziehung zwischen dem individuellen Verhalten und den durch diese Interaktionen erzeugten kollektiven Eigenschaften (›Eigenschaften höherer Ordnung‹); die individuellen Interaktionen schaffen eine größere Struktur, und diese beeinflußt das Verhalten der Individuen, das daraufhin wiederum die Struktur höherer Ordnung verändert, und so weiter.« (Couzin und Krause 2003)

Emergenz bedeutet in diesem neuen Sinn wie in den Vorstellungen aus dem 19. Jahrhundert, daß die Wechselbeziehungen zwischen den Einzelteilen zu neuen Eigenschaften führen können, die keines der Einzelbestandteile besitzt, und daß diese Eigenschaften höherer Ordnung ihrerseits kausal wirksam werden können. Der Unterschied zwischen der früheren und der neuen Verwendung des Begriffs besteht aber darin, daß wir heute durch mehr konkrete wissenschaftliche Beschreibungen wissen, wie und warum einfache Gesetzmäßigkeiten der Interaktion zwischen Individuen zu emergenten Verhaltensweisen führen, die sich nur schwer voraussagen lassen. Gegenstand dieser Beschreibungen sind zahlreiche vorwärts und rückwärts gerichtete Rückkopplungsschleifen, die nicht linear sind, sondern äußerst empfindlich auf anfängliche und später entstehende äußere Bedingungen reagieren. Kims Beschreibung der Emergenz hat nur einen begrenzten Geltungsbereich und erfaßt nur statische Beschreibungen sowie vorwärts gerichtete, lineare Kausalprozesse.

Wenn wir unsere Vorstellung von Kausalität so erweitern, daß sie auch die komplexen Wechselbeziehungen einschließt, die in biologischen Systemen häufig vorkommen, ergibt sich die Folgerung, daß Determinismus nicht mehr zu Vorhersagbarkeit führt. Selbst wenn ein Verhalten, das auf einer höheren Organisationsebene beschrieben wird, in einem gewissen Sinn durch die Wechselbeziehungen zwischen Elementen auf einer niedrigeren Organisationsebene in einer nichtlinearen Dynamik festgelegt wird, läßt es sich nicht vorhersagen. In solchen Fällen spielt es keine Rolle, wie genau unsere Messungen sind: Immer wird uns ein unmeßbarer Unterschied entgehen, der für den Endzustand des Systems von Bedeutung sein kann. Der erkenntnistheoretische Aspekt, wonach Emergenz mit Unvorhersehbarkeit gleichgesetzt wird, ordnet den Emergenzbegriff automatisch bestimmten Verhaltenseffekten nichtlinearer Systeme zu.

Aus der Nichtlinearität von Systemen, das heißt aus ihrer dynamischen Komplexität oder ihrem Chaos, ergeben sich Folgerungen für die Methodik ihrer Analyse. Chaotische Verhaltensweisen sind zwar deterministisch, lassen sich aber nicht vorhersagen, weil sie äußerst empfindlich auf unmeßbar kleine Abweichungen der anfänglichen und sich später entwickelnden Rahmenbedingungen reagieren. Viele biologische Systeme zeigen Merkmale der dynamischen Komplexität wie Gabelung, Amplifikation und eine Form der Phasenveränderung (Nicolis und Prigogine 1989). Als Gabelung bezeichnet man eine periodisch ablaufende Verdoppelung, Vervierfachung und so weiter. Sie kennzeichnet das plötzliche Auftauchen einer qualitativ anderen Lösung für ein nichtlineares System, in dem sich irgendein Parameter verändert. Amplifikation ist die nichtlineare, dramatisch verstärkte Reaktion auf einen kleinen Anstieg des Wertes mancher Parameter. Zwei Punkte können sich in einem System auf ganz unterschiedlichen Wegen bewegen, auch wenn der Unterschied in ihrer Ausgangsstellung sehr gering war. Dies gilt beispielsweise für Wetterphänomene, Turbulenzen in Flüssigkeiten oder Kristallwachstum. Der Meteorologe Edward Lorenz bezeichnete diese Form der Komplexität metaphorisch als »Schmetterlingseffekt« in Anspielung auf den Gedanken, die Flügelschläge eines Schmetterlings in Brasilien könnten in Texas einen Wirbelsturm auslösen (Lorenz 1996). Bei dem Schleimpilz *Dictyostelium discoideum* wird der Übergang von einer Population einzelner Zellen zum vielzelligen Organismus durch Signalaustausch zwischen den Zellen und chaotischen Rückkopplungsmechanismen eingeleitet, die in dem System eine dramatische, makroskopisch sichtbare Zustandsveränderung bewirken. Positive Rückkopplung kann eine Situation schaffen, in der sich die Reaktionen der Zellen abrupt und irreversibel verändern, sobald die Signalstärke eine kritische Schwelle überschreitet (Tyson u. a. 2003, Goldbeter 1997, Goldbeter u. a. 2001, Kessin 2001, Mitchell 2003).

Um herauszufinden, welchen Ergebnisraum ein chaotisches System durchstreifen kann, braucht man Simulationen anstelle von Labor- oder Freilandexperimenten. Modelle mit Differentialgleichungen, die in Newtonschen Systemen hervorragend funktionieren, sind für chaotische Systeme völlig unzureichend. Mark Bedau (1997) geht sogar so weit, die Forderung nach Simulationen zu einer Voraussetzung für Emergenz zu machen. Daß ein System sich am Ende in diesem oder jenem Zustand befindet, liegt an den unmeßbar kleinen Unterschieden in den Anfangsbedingungen, unter denen die gleichen deterministischen Regeln wirksam werden. Auch hier sind Eigenschaften und Verhalten der Einzelbestandteile die Ursache für das nachfolgende Verhalten des Systems, aber wenn man verstehen will, warum es zu diesem und nicht zu jenem Ergebnis kommt, muß man das Hauptaugenmerk auf die Prozesse und die Zusammenhänge richten, mit denen das System verbunden ist. Wenn man nur die Funktion zur Beschreibung der eigentlichen Kausalstruktur erkennt, weiß man noch nicht, in welchem Zustand sich das System am Ende befinden wird.

Die Emergenz, die man in zufällig entwickelten komplexen Systemen findet, ist sowohl dynamisch als auch äußerst kontextsensitiv. Geordnete Eigenschaften höherer Ordnung entstehen in einem komplexen System durch Rückkopplung und Selbstorganisation und werden durch diese auch stabilisiert. Die Vergangenheit, der Zusammenhang und die Dynamik der

Systeme spielen in den Erklärungen, die der integrative Pluralismus anbietet, eine führende Rolle. In der traditionellen Erkenntnistheorie dagegen wurden sie zu großen Teilen in den Hintergrund gedrängt.

Anders als in manchen allgemein bekannten Fällen physikalischer Kausalbeziehungen hat das Verhalten, das man in komplexen Systemen erklären möchte, mehr als nur eine einzige beherrschende Ursache. Daß eine Billardkugel sich mit einer bestimmten Geschwindigkeit in eine bestimmte Richtung bewegt, liegt an dem Stoß, den ihr der Queue versetzt hat. Natürlich gibt es im Vergleich zu dem Verlauf, den man nach einem solchen einzelnen Stoß erwarten sollte, durch Drehung und Reibung geringfügige Abweichungen, aber zum größten Teil läßt sich das Verhalten der Kugel mit einer einzigen beherrschenden Ursache erklären. In der Welt des Komplexen ist es anders. Wie ich bereits erwähnt habe, gibt es mehrere Arten von »Komplexität«. Manche davon stehen der Billardkugel näher, wobei nur die Zahl der kausalen Einflüsse größer ist. Eine größere Zahl von Faktoren ist nicht sonderlich problematisch, insbesondere wenn ihre Interaktionen sich addieren oder anderen einfachen Regeln unterliegen. Die an einem Flugzeug angreifenden Kräfte (eine kompliziertere Version der Billardkugel) sind als Ursachen seiner Flugbahn zu erkennen, und wenn man sie einfach summiert, kann man voraussagen, wohin die Reise geht. An komplexen Systemen sind jedoch häufig auch Rückkopplungsmechanismen beteiligt, die dazu führen, daß die Folgen nichtlinearen chaotischen Verhaltens verstärkt oder abgeschwächt werden; unter solchen Bedingungen versagt eine kausale Erklärung, die sich auf Addition stützt.

Unser Verständnis für Kausalprozesse erweitert sich, wenn wir genau darauf achten, wie negative und positive Rückkopplung sich stabilisierend auf Phänomene höherer Ordnung auswirken und das Verhalten der Bestandteile auf der niedrigeren Ebene einschränken. Rückkopplung ist eine Erklärung für die von oben nach unten verlaufende Kausalität, bei der Eigenschaften des Gesamtsystems das Verhalten der Einzelbestandteile einschränken und lenken. Ein Beispiel, an dem dies deutlich wird, ist die Arbeitsteilung bei gesellschaftsbildenden Insekten.

Was veranlaßt eine Honigbiene, zu einem bestimmten Zeitpunkt auf die Suche nach Nahrung zu gehen, statt es sich im Bienenstock bequem zu machen? Daß einzelne Individuen unterschiedlich häufig auf Erkundungsflug gehen, läßt sich zum Teil auf genetische Unterschiede zurückführen. Die dafür verantwortlichen Mechanismen kennt man nicht im einzelnen, aber der Zusammenhang zwischen den Genen und der Häufigkeit der Erkundungsflüge ist gut belegt, und solange keine anderen Faktoren ins Spiel kommen, bietet er eine Erklärung für die Unterschiede innerhalb der Kolonien und zwischen ihnen. Man weiß aber auch, daß sich die Häufigkeit der Erkundungsflüge einzelner Individuen durch Umweltreize verändern kann. In einer genetisch einheitlichen Population hängen Unterschiede dann davon ab, mit welchen unterschiedlichen Umwelteinflüssen es die Individuen zu tun haben. Im Idealfall, das heißt, wenn nur ein einziger Faktor wirksam ist, kann man durch systematische Untersuchungen herausfinden, wie stark sich Gene und Umwelt jeweils auf den Effekt auswirken. Im natürlichen Umfeld sind jedoch beide gleichzeitig aktiv, und das Ergebnis ihrer gemeinsamen Tätigkeit ist keine einfache, lineare Summe der Einzelbeiträge.

In selbstorganisierten Systemen entsteht durch Rückkopplung zwischen den einfachen Verhaltensweisen einzelner Bestandteile ein erkennbarer, organisierter Effekt auf der Ebene der Gruppe.

Honigbienen sammeln auf Blüten den Nektar, aus dem durch Verdauungsenzyme und Verdunstung der Honig in den Waben des Bienenstocks wird. Der Honig ist für die Arbeiterinnen der wichtigste Kohlenhydratlieferant und wird zusammen mit Pollen auch an die Larven verfüttert. Ältere Individuen bilden die Kaste, die vom Bienenstock ausschwärmt, um Nektar, Pollen und Wasser zu sammeln. Eine einzelne Sammlerin saugt den Blütennektar mit ihrem Rüssel ein, kehrt damit zum Bau zurück und übergibt die Ladung an eine jüngere Arbeiterin, deren Aufgabe es ist, den Nektar in einer leeren Wabe zu verstauen. Die Wahrscheinlichkeit, daß eine einzelne Sammlerin anschließend erneut auf Nektarsuche geht, hängt davon ab, wie lange sie auf das »Entladen« des zuvor zum Stock gebrachten Nektars warten muß. Dadurch, daß jede einzelne Biene eine bestimmte Zeit lang warten muß, ergibt sich insgesamt ein System, in dem die Zahl der Sammlerinnen auf den Nektarbedarf des Stockes abgestimmt wird (Seeley 1989).

An dem Mechanismus, durch den die Eigenschaft auf der Ebene des Systems – die Größe des bereits vorhandenen Nektarvorrats – das Verhalten der einzelnen Sammlerbienen steuert, sind keinerlei geheimnisvolle Kräfte oder Substanzen beteiligt; er gründet sich ausschließlich auf die materielle Ausstattung von Bienen, Nektar und Bienenstock. Aber die Menge des gespeicherten Nektars in einem Bienenstock ist eindeutig keine Eigenschaft der einzelnen Bienen, sondern das Gesamtergebnis ihres individuellen Verhaltens. Wenn man die Komplexität dieses Systems verstehen will, muß man erkennen, wie eine angepaßte Struktur höherer Ordnung (hier die Versorgung mit Nektar) aus dem individuellen Verhalten erwächst *und* wie die Struktur höherer Ordnung über eine Rückkopplungsschleife *kausalen Einfluß* auf die niedrigere Ebene ausübt. Wenn bereits ein großer

Nektarvorrat vorhanden ist, dient es der Anpassung natürlich eher, wenn die Sammlerinnen ihre Tätigkeit einstellen; ist dagegen nur wenig Nektar vorhanden, sollten sie ausschwärmen und noch mehr zusammentragen. Ob eine Biene weiterhin sammelt oder sich ausruht, hängt von der Größe des Nektarvorrats ab.

Wenn eine Sammlerin mit ihrer Fracht im Bienenstock landet, muß eine andere Arbeiterin ihr den Nektar abnehmen und in einer leeren Wabe einlagern. Anschließend kehrt die »Lagerarbeiterin« zur nächsten Sammlerin zurück, die auf das Entladen wartet. Sind in dem Bienenstock bereits viele Waben gefüllt, dauert es länger, bis die Lagerarbeiterin eine leere Zelle gefunden hat und den Nektar der ersten Sammlerin dort verstauen kann; bei vielen leeren Zellen geht es entsprechend schneller. Die Wartezeit einer Sammlerin vor dem Entladen ist also ein Maß für die bereits gelagerte Nektarmenge und damit ein Signal für die Fortsetzung oder das Ende der Sammeltätigkeit.

Selbstorganisation und Rückkopplung machen emergente Eigenschaften komplexer Systeme wissenschaftlich erklärbar (siehe Camazine u. a. 2001, Bonabeau u. a. 1997). Eigenschaften höherer Ordnung – die Gesetzmäßigkeiten der Arbeitsteilung, der im Bienenstock vorhandene Nektarvorrat – sind Folgen der Interaktion von Einzelbestandteilen, die sich aber nicht einfach summieren. Häufig sind sie chaotisch, und sie beinhalten sowohl positive als auch negative Rückkopplung; auf diese Weise entsteht in der Gesamtreaktion etwas Neues, das sich nicht anhand der inneren Eigenschaften einzelner Bestandteile voraussagen läßt. Die Eigenschaften höherer Ordnung beeinflussen dann ihrerseits das Verhalten der Einzelkomponenten, die mit ihrer Tätigkeit über die Eigenschaft höherer Ordnung bestimmen, wie im Beispiel mit Nektarsammeln und Nektarvorrat. Die »Selbstverursachung«, die Kim als »offenkundig absurd« bezeichnete, entpuppt sich als häufig auftretendes Merkmal komplexer Systeme, das von der heutigen Wissenschaft erforscht und erklärt wird.

Die Erkenntnistheorie hat darunter gelitten, daß sie an alten, ungeeigneten Weltanschauungen und logischen Unterscheidungen festhielt, die keine Verbindung zu der Wirklichkeit haben, auf die sie sich angeblich beziehen. Strategien auf der Grundlage traditioneller, aus der Physik abgeleiteter Vorstellungen der wissenschaftlichen Methode suchen Erklärungen ausschließlich in einer vermuteten grundlegenden Einfachheit: Komplexes wird in einfache Elemente zerlegt, und dann sucht man in deren Vielfalt nach angeblich allgemeingültigen Gemeinsamkeiten; gleichzeitig schirmt man die Systeme von den unterschiedlichen Einflüssen des Zusammenhanges ab, um die in ihnen verborgenen Regelmäßigkeiten zu erkennen. Methoden und Schlußfolgerungen, die sich auf die traditionelle, reduktionistische Methode der Vereinfachung stützten, führten zwar in vielen Fällen zum Erfolg, sie stellen aber auch eine Einschränkung dar (siehe Mitchell 2005, Kapitel 5). Die gemeinsamen, einfachen, universellen Merkmale der komplexen Welt stellen nur einen Teil des Gesamtbildes dar. Um irreversible, emergente, kontextabhängige, dynamische, vielgestaltige Strukturen und Verhaltensweisen in den Mittelpunkt zu rücken, bedarf es eines neuen erkenntnistheoretischen Ansatzes, der genau auf die Fortschritte bei der Erforschung der biologischen Komplexität abgestimmt ist.

Vielfalt und Kontingenz in der Evolution

Ein weiterer wichtiger Aspekt in der Gesamtkomplexität der Natur ist die durch Evolution entstandene Vielfalt. Im Reich der durch Evolution entstandenen Lebewesen findet man vielgestaltige, unterschiedliche Anpassungslösungen für ähnliche Selektionsbedingungen, und die gleiche Anpassung kann auf verschiedenen Wegen erreicht werden. Die entwicklungsgeschichtlich entstandenen Eigenschaften komplexer Systeme sind ein Abbild der historischen Kontingenz, Variabilität und Verlaufsabhängigkeit von Eigenschaften und Verhaltensweisen der biologischen Systeme, die unseren Planeten heute und in der Vergangenheit besiedelt haben. Variabilität ist ein unverzichtbares Merkmal aller biologischen Populationen und ein notwendiger Bestandteil der Evolutionsdynamik, die zu anpassungsorientiertem Wandel führt. Betrachtet man bestimmte Aspekte der Artbildung (zum Beispiel die Spezialisierung auf ökologische Nischen), so ist die Variation der Merkmalsverteilung innerhalb einer Population wie auch der charakteristischen Merkmale verschiedener Populationen eine grundlegende Eigenschaft entwicklungsgeschichtlich entstandener, komplexer biologischer Systeme. Das Wechselspiel zwischen der natürlichen Selektion, die der Vielfalt Grenzen setzt, und den vielen Kräften, die eine immer stärkere Variation begünstigen, führt in der Welt des Lebendigen zu einer Komplexität, die zahlreiche Rückkopplungsschleifen beinhaltet und von der Verlaufsgeschichte und dem Umfeld abhängt.

Betrachten wir beispielsweise die Galapagosfinken: Sie sind so vielgestaltig, daß Darwin anfangs glaubte, sie seien ebenso weitläufig verwandt wie Amseln und Zaunkönige. Als er aber mit den gesammelten Vögeln von seiner Reise mit der *Beagle* zurückkehrte, stellte der bekannte Ornithologe James Gould fest, daß es sich bei allen diesen so unterschiedlich aussehenden Vögeln um Finkenarten handelte. Die Unterschiede in Größe und Form des Schnabels – bei manchen war er groß wie bei einem Webervogel, bei anderen klein wie bei Singvögeln, und auch dazwischen waren alle Abstufungen vertreten – hatte ihre Ursache in der Spezialisierung auf bestimmte ökologische Nischen (siehe Grant und Grant 1986). Die unterschiedliche Nahrung auf den Inseln, auf denen die Finken vorkamen, stand in einem eindeutigen Zusammenhang mit Form und Größe des Schnabels – ein Zeichen, wie Vielfalt entstehen kann, die von einem einzigen, vom Festland eingewanderten Finkenvorfahren ausgeht. Darwin formulierte es so:

»Wenn man diese Abstufung und strukturelle Vielfalt bei einer kleinen, eng verwandten Vogelgruppe sieht, möchte man wirklich glauben, daß von einer ursprünglich geringen Zahl an Vögeln auf diesem Archipel eine Art ausgewählt und für verschiedene Zwecke modifiziert wurde.« (Darwin 2006)

Leo Buss dokumentierte in *The Evolution of Individuality* (1987) die vielgestaltige Organisation der vielzelligen Lebewesen auf unserem Planeten und vertrat die Ansicht, die Evolution der Vielzeller sei zum Teil ein Besetzen von Nischen gewesen. Neue, komplexere Lebensformen konnten neue Fähigkeiten zur Fortbewegung und Nahrungsbeschaffung erwerben, und damit eröffneten sich für sie neue Nischen, die weniger beweglichen Organismen verschlossen blieben. Damit lösten sich die neuen Formen aus dem Konkurrenzkampf mit den Einzellern. Die natürliche Selektion schränkt zwar die vorhandene Formenvielfalt ständig ein, weil sie nur die am besten angepaßten Varianten überleben läßt, aber auf der Ebene der Individuen wird die Variation durch Mutationen und Rekombination ständig erneuert, und sie ist auch ein Ergebnis der Artbildung.

Variationen gibt es nicht nur bei den Ergebnissen, sondern auch bei den Wegen zur Anpassung. Dies kann man im Hinblick auf die eigentlichen Evolutionsverläufe ebenso behaupten wie in bezug auf die unmittelbaren Mechanismen zur Schaffung komplexer Phänotypen. Die Arbeitsteilung entwickelte sich bei Ameisen, Bienen und Wespen viele Male unabhängig voneinander, und zwar jeweils bei zuvor alleinlebenden Vorfahren. Der Phänotyp der Kolonie besteht darin, daß die Arbeiterinnen sich auf unterschiedliche Bereiche aus der Menge aller in der Gruppe möglichen Verhaltensweisen spezialisieren. Insbesondere ist die Königin für die Produktion von Nachkommen zuständig, während die Arbeiterinnen unfruchtbar sind, und verschiedene Gruppen von Arbeiterinnen versorgen den Nachwuchs, säubern die Waben, bewachen den Eingang oder gehen auf Nahrungssuche. Teilweise sind die Unterschiede eine Funktion des Alters der Arbeiterinnen (altersabhängiger Polyethismus), andere beruhen auf physiologischen Unterschieden (morphologischer Polyethismus). Nach heutiger Kenntnis hat die Arbeitsteilung in einer Kolonie gegenüber dem Alleinleben zwar gewisse ergonomische Vorteile (Oster und Wilson 1979), die Evolutionswege jedoch, die zu diesen Formen der Anpassung führten, verliefen vermutlich etwas unterschiedlich. Das liegt unter anderem daran, daß die genetische Verwandtschaft zwischen den Arbeiterinnen bei den einzelnen Arten unterschiedlich aussieht.

Betrachten wir beispielsweise Honigbienen und Feuerameisen. Bei beiden beobachtet man eine Arbeitsteilung bei der Fortpflanzung – die Königin bringt Nachkommen hervor, während die Arbeiterinnen unfruchtbar sind –, aber auch bei der Versorgung und Instandhaltung der Kolonie, wobei Individuen unterschiedlichen Alters verschiedene Aufgaben übernehmen: Sie versorgen, wie gesagt, den Nachwuchs, reinigen die Waben, bewachen den Eingang und gehen auf Nahrungssuche. Die genetische Variationsbreite ist bei Honigbienen aber wesentlich größer als bei Feuerameisen (Boomsma und Sundström 1998). Eine Bienenkönigin paart sich während ihres Hochzeitsfluges mit bis zu 17 verschiedenen Drohnen. Die Arbeiterinnen in einer Bienenkolonie haben also bis zu 17 verschiedene Väter, was zu komplizierten, vielfältigen Verwandtschaftsbeziehungen zwischen ihnen führt. Die Königin der Schwarzen Feuerameise dagegen paart sich nur einmal, das heißt, alle Arbeiterinnen sind richtige Schwestern.

Hamilton bot mit seiner 1964 formulierten Theorie der Verwandtenselektion eine Erklärung für die Evolution der Unfruchtbarkeit bei gesellschaftsbildenden Insekten; diese war zuvor für die darwinistische Theorie, wonach die natürliche Selektion Merkmale zur Steigerung des individuellen Fortpflanzungserfolges begünstigt, problematisch gewesen. Hautflügler (Ameisen, Bienen und Wespen) haben eine ungewöhnliche genetische Ausstattung – Männchen sind haploid, Weibchen dagegen diploid. Demnach sind die Männchen aus unbefruchteten Eiern hervorgegangen, die ausschließlich von der Königin produziert wurden. Sie sind somit aus nur halb so vielen Chromosomen und Genen entstanden wie die Arbeiterinnen. Weibchen erhalten ihre Gene sowohl von der Königin als auch von dem Männchen, welches das Ei befruchtet hat. Hamilton konnte mit seiner eleganten Argumentation nachweisen, daß Schwestern in diesem System durchschnittlich drei Viertel ihrer Gene gemeinsam haben, während Mütter und Töchter nur in der Hälfte ihrer Gene übereinstimmen. Demnach tragen Arbeiterinnen, die ihre Schwestern großziehen, mehr zum Weiterleben ihrer eigenen Gene in der nächsten Generation bei, als wenn sie selbst Nachkommen hervorbringen. Damit ist erklärt, warum Arbeiterinnen unfruchtbar sind, was eine grundlegende Voraussetzung für die Arbeitsteilung darstellt. Der Vergleich von Feuerameisen und Honigbienen macht aber deutlich, daß die komplizierteren Verwandtschaftsverhältnisse der Bienen eine einfache Anwendung von Hamiltons Argumentation unmöglich machen. Daß die Arbeitsteilung für die Bienen einen Selektionsvorteil bedeutet, dürfte nicht nur mit der haploid-diploiden genetischen Struktur zu tun haben, sondern auch mit der Resistenz gegen Parasiten und andere Formen der Widerstandskraft, die sich ergeben, wenn die Arbeitsteilung in der Kolonie in Verbindung mit genetischer Variabilität aufrechterhalten wird (siehe Breed und Page 1989, Page und Metcalf 1982, Waibel u. a. 2006).

Als unmittelbare Ursache für die unterschiedlichen Verhaltensweisen von Individuen, die für die Arbeitsteilung obligatorisch sind, wurden verschiedene innere und äußere Faktoren genannt (siehe Beshers und Fewell 2001, Gordon 1989), unter anderem Unterschiede in Genen, Hormonspiegel, Erfahrung, Aufenthaltsort im Bau und Zugang zu Informationen. Inwieweit sich Verhaltensunterschiede mit unterschiedlichen Genen erklären lassen, hängt natürlich zum Teil davon ab, welche genetischen Ressourcen in der Population zur Verfügung stehen. Da das Ausmaß der genetischen Variabilität bei Honigbienen und Feuerameisen sehr unterschiedlich ist, sind manche unmittelbaren Mechanismen wahrscheinlich nur in einem der beiden Systeme wirksam, während sie im anderen nicht zur Entstehung der Arbeitsteilung beitragen können. Unterschiedliche Wege führen in den Kolonien zu ähnlichen Eigenschaften, die für beide Arten in ihren jeweiligen komplexen Systemen einen Anpassungsvorteil darstellen (siehe auch Foitzik und Herbers 2000).

Im Gegensatz dazu stehen andere Fälle, in denen ein ähnliches

Selektionsumfeld bei nicht näher verwandten Arten zu ähnlichen Anpassungslösungen führt – eine Form der konvergenten Evolution. Ein Beispiel sind die Beuteltiere Australiens und die Placentatiere in Europa oder Nordamerika, die ganz ähnliche ökologische Nischen besetzen. Känguruhs sind als Beuteltiere in der Nische zu Hause, die anderswo von Hirschen (Placentatieren) eingenommen werden, und die Koalas, ebenfalls Beuteltiere, sind das Gegenstück zu den Faultieren (siehe Springer u. a. 1997). Die Arten, die solche Nischen besetzen, ähneln sich in manchen Merkmalen, in anderen jedoch nicht. Die Vielfalt des Lebendigen und die Korrelation zwischen Merkmalen und Umweltzusammenhang erstaunten und inspirierten auch Charles Darwin immer wieder: Er erkannte, daß ähnliche Formen an einem Ort teilweise auf gemeinsame Abstammung zurückzuführen sind, während man Ähnlichkeiten der Form an unterschiedlichen Orten mit ähnlichen umweltbedingten Anforderungen erklären kann (siehe *Die Entstehung der Arten*, 1859, Kapitel 14).

Die wissenschaftlichen Erkenntnisse über die in der Evolution entstandene Vielfalt stellen eine zentrale Lehre der traditionellen Form von Wissenserwerb in Frage: die Vorstellung, man könne Komplexität auf einfache Gesetzmäßigkeiten reduzieren. Lange Zeit wurde von manchen Autoren beklagt, daß es in der Biologie keine Grundprinzipien gibt, die den angeblichen Gesetzen der Physik entsprechen (Smart 1963, Beatty 1995). Mit anderen Worten: Produkte der Evolution sind offenbar eher kontingent und weniger universell, eher flüchtig und weniger grundsätzlicher Natur; deshalb sind sie angesichts verschiedener Hintergrundszenarien dem Wandel ausgesetzt. Dabei gilt ein klarer Maßstab, der von Philosophen im 19. Jahrhundert formuliert und seither immer wieder diskutiert wurde: Eine allgemeine Aussage ist nur dann ein Gesetz, wenn sie universell gültig ist, keine Ausnahmen hat und einer natürlichen Notwendigkeit entspricht. Universelle Gültigkeit bedeutet, daß ein Gesetz an allen Orten und zu allen Zeiten zutrifft; wenn das der Fall ist, gibt es auch keine Ausnahmen. Nichts kommt darum herum, einem Naturgesetz zu gehorchen. In der Welt der Biologie gibt es nahezu keine einzige allgemeine Aussage, die diesen Kriterien eines wissenschaftlichen Gesetzes entspricht.

Der Gedanke der natürlichen Notwendigkeit, auf den ich noch genauer zu sprechen kommen werde, ist schwieriger zu verstehen. Hinter der *Forderung* nach natürlicher Notwendigkeit steht jedoch eine eindeutige *Intuition*: Manche allgemeingültigen Wahrheiten scheinen nur zufälliger Natur zu sein, andere bringen eine stärkere Rechtfertigung mit. Ein Beispiel sind die beiden folgenden Behauptungen: Alle Goldkugeln haben einen Durchmesser von weniger als einem Kilometer; alle Urankugeln haben einen Durchmesser von weniger als einem Kilometer (Goodman 1947). Beide Aussagen gelten ausnahmslos und sind wahr, aber die Behauptung über das Uran beinhaltet eine gewisse Zwangsläufigkeit, während die über das Gold eher zufälliger Natur ist. Daß eine ausreichende Menge des Elements Gold produziert würde, um eine derart große Kugel herzustellen, kann man sich durchaus vorstellen. Im Fall des Urans jedoch ist der Inhalt der Aussage kein Zufall, denn seine Instabilität schließt eine Kugel von einem Kilometer Durchmesser von vornherein aus. Eine solche Kugel würde sich selbst zerstören. Diesen Unterschied meint man, wenn man von natürlicher Notwendigkeit spricht. (Ein Überblick über dieses umfangreiche philosophische Thema findet sich in dem Artikel »laws of nature« der Stanford Encyclopedia of Philosophy.)

Allgemeine Aussagen über das Verhalten der biologischen Systeme, die durch die Evolutionsprozesse – zufällige Mutation und natürliche Selektion – entstanden sind, entsprechen ganz offensichtlich nicht diesen strengen Definitionskriterien für Naturgesetze. Selbst in der Physik bestehen Zweifel, ob wir überhaupt solche strengen Gesetze entdeckt haben (Cartwright 1982, 1994, Earman u. a. 2002). Unsere Erkenntnisse über Lebewesen, Arten und Ökosysteme sind mehr oder weniger zufällige, räumlich begrenzte Wahrheiten.

In der Philosophie hat man sich darum bemüht, die Kluft zwischen den Realitäten der Biologie und der strengen Definition von Gesetzen zu überbrücken; dazu bediente man sich verschiedener Strategien, von der Anwendung sogenannter *ceteris-paribus*-Klauseln, mit der man solchen »kleineren« Wahrheiten formal eine Allgemeingültigkeit beilegen wollte, bis zur Verbannung der Biologie in den Bereich der Gesetzlosigkeit (Sober 1997, Brandon 1997, Lange 2000). Dabei steht viel auf dem Spiel: Angeblich sind Gesetze das, wonach die Naturwissenschaft sucht, und sie bilden das Kernstück traditioneller Erklärungssysteme. Wenn es in der Biologie keine Gesetze gibt, besteht die Gefahr, daß sie nicht als richtige Wissenschaft eingestuft wird. Biologie würde demnach nur dann zuverlässige Kenntnisse liefern, wenn man sie auf Physik und Chemie reduziert.

Wie können wir beurteilen, ob es in der Biologie Gesetze gibt oder nicht? Zur Beantwortung dieser Frage gibt es drei Strategien: eine normative, eine paradigmatische und eine pragmatische. Am bekanntesten ist der normative Ansatz: Man geht von einer Norm oder *Definition* von Gesetzmäßigkeiten aus und überprüft dann jede einzelne allgemeine Aussage der Biologie unter dem Gesichtspunkt, ob sie die zuvor festgelegten Bedingungen erfüllt. Ist das der Fall, gibt es biologische Gesetze, ansonsten nicht. Der paradigmatische Ansatz geht von einer Reihe *exemplarischer* Gesetze aus (die in der Regel aus der Physik stammen), mit denen man dann die allgemeinen Aussagen aus der Biologie vergleicht. Auch hier gilt: Findet man eine Übereinstimmung, gilt die Biologie als von Gesetzen beherrscht. Der pragmatische Ansatz konzentriert sich auf die *Funktion* der Gesetze in der Wissenschaft und stellt die Frage, ob und in welchem Umfang allgemeine biologische Aussagen diese Funktion erfüllen.

Meine Methode besteht darin, die Frage der Gesetze unter Funktionsgesichtspunkten neu zu betrachten. Oder anders gesagt: Ich versuche nicht, allgemeine biologische Aussagen in das unbequeme Korsett universeller, ausnahmslos gültiger Wahrheiten zu zwängen, indem ich sie auf mathematische Wahrheiten (Sober 1997) beschränke, an eine *ceteris-paribus*-Klausel binde (Sober 1997) oder die Gesetzhaftigkeit völlig aufgebe (Beatty 1997, Brandon 1997), sondern ich stelle die Frage, was Gesetze in ihrer traditionellen Form in der Wissenschaft bewirken; anschließend kann ich untersuchen, ob auch andere Formen der Wahrheit die Funktion von Gesetzen erfüllen können. Die Antwort lautet »ja«. Auch allgemeine Aussagen, die nicht universell sind und viele Ausnahmen haben, können unter genau definierten Bedingungen die gleiche Erklärungs- und Vorhersagefunktion erfüllen wie universelle, ausnahmslos gültige Regeln. Sie in diesem Sinn zu nutzen, ist nicht einfach, aber nützlich sind sie dennoch.

Daß das Verhalten gesellschaftsbildender Insekten in einer Kolonie oder die Genhäufigkeit in einer Population, die der Selektion unterliegt, bestimmten vorhersagbaren, erklärbaren Gesetzmäßigkeiten unterliegen und sich durch unsere Handlungen in der gewünschten Weise verändern können, erscheint uns plausibel. Aber die Kenntnisse über kausale Zusammenhänge, mit deren Hilfe wir alle diese erkenntnistheoretischen und pragmatischen Aufgaben erfüllen können, beinhalten Aussagen über Regelmäßigkeiten, bei denen es sich nicht in allen Fällen um universelle, ausnahmslos gültige Wahrheiten handelt. Manche von ihnen hängen auch von Unwägbarkeiten ab und sind nur in bestimmten Bereichen gültig. Manche allgemeinen Aussagen über Arbeitsteilung und die dahinterstehenden genetischen Unterschiede treffen auf Honigbienen zu, nicht aber auf Feuerameisen. Rückschlüsse über ähnliche Anpassungsreaktionen auf vergleichbare Umweltbedingungen sind manchmal richtig, manchmal aber auch nicht.

Ich möchte in dieser Debatte nicht für eine Seite Partei ergreifen; ich sage also weder: »Ja, die Biologie und andere spezialisierte Naturwissenschaften unterliegen ebenso strengen Gesetzen wie die Physik (oder kommen ihnen jedenfalls nahe)«, noch: »Nein, in der Biologie und den anderen spezialisierten Naturwissenschaften kann es niemals Gesetze wie in der Physik geben, sondern die Kenntnisse über komplexe Systeme, die durch die Unwägbarkeiten der Evolution entstanden sind, haben einen ganz anderen Charakter.« Statt dessen schlage ich vor, die übliche Vorstellung von Gesetzen, die bisher die Grundlage der Debatte war, aufzugeben und durch einen geräumigeren, nuancierten begrifflichen Rahmen zu ersetzen, der nicht nur deutlich macht, in welcher Hinsicht unsere Kenntnisse über die komplexe biologische Natur den physikalischen Erkenntnissen ähneln, sondern der außerdem auch erklärt, warum wir in diesen beiden Bereichen des Erkenntnisgewinns derart unterschiedliches Wissen gewinnen. Meine Behauptung lautet: Unsere philosophische Auffassung vom Wesen wissenschaftlicher Kenntnisse sollte sich darauf gründen, welche Arten von Behauptungen ihre Funktion in wissenschaftlichen Erklärungen und Voraussagen zuverlässig erfüllen (Mitchell 1997, 2000, 2003). Manche allgemeinen Aussagen ähneln stärker den Gesetzen im strengen Sinn des Wortes, andere weniger. Dennoch sollte man beide als Gesetze bezeichnen. Die letzteren, die ich als pragmatische Gesetze bezeichne, sind in der Biologie und nachweislich auch darüber hinaus weit verbreitet. Folgt man einer neuen Auffassung von Gesetzmäßigkeit, dann gibt es in der Biologie durchaus Gesetze, aber diese sind stärker kontingent als manche Grundgesetze der Physik. Diese Zufälligkeit der allgemeinen Aussagen, die man heute über biologische Systeme machen kann, wirft eine Reihe von Fragen auf:

- Wodurch wird eine allgemeine Aussage kontingent, das heißt, wovon hängt ihr Wahrheitsgehalt ab?
- Warum ist eine allgemeine Aussage über biologische Systeme stärker kontingent als allgemeine Aussagen in Physik oder Chemie?
- Wie wirkt sich die Zufälligkeit biologischer Behauptungen darauf aus, wie wir sie benutzen, um die Welt zu erklären, vorauszusagen und durch unsere Eingriffe zu verändern?

Zufälligkeit und natürliche Notwendigkeit

Nach der üblichen philosophischen Beschreibung müssen Gesetze in ihrem Anwendungsbereich universell, ohne Ausnahme gültig, empirisch wahr und von Natur aus – allerdings nicht logisch – notwendig sein. Das Musterbeispiel für die Philosophen des 19. Jahrhunderts war Newtons allgemeines Gravitationsgesetz. Es besagt: Alle Körper im Universum ziehen sich gegenseitig an, wobei die Kraft proportional zur Masse der Körper und umgekehrt proportional zum Quadrat ihrer Entfernung voneinander ist. Interessanterweise hat sich dieses Gesetz empirisch als unzureichend erwiesen. Heute sind die von Einstein formulierten Gesetze der allgemeinen Relativität an die Stelle von Newtons Gesetz getreten. Nicht Newtons allgemeines Gravitationsgesetz, sondern die allgemeine Relativität ist heute ein Kandidat für ein echtes Naturgesetz, das über die Newtonsche Einschränkung hinaus Gültigkeit hat.

Aber den Physikern gehört der »Markt der Gesetze« nicht allein: Auch Biologen gebrauchen den Begriff in ihren Schriften. Das Mendelsche Segregationsgesetz zum Beispiel besagt, daß bei der Keimzellenproduktion von Lebewesen, die sich sexuell fortpflanzen, für die Allele der Eltern ein Verhältnis von 50 zu 50 erhalten bleibt. Allele sind Formen des gleichen Gens; sie liegen bei Organismen, die sich sexuell fortpflanzen, paarweise an einer bestimmten Stelle auf den Chromosomen. Ein stark vereinfachtes Beispiel: Angenommen, jemand hat vom Vater ein Allel für blaue Augen und von der Mutter ein Allel für braune Augen geerbt, und diese beiden Allele besetzen den einzigen »Genlocus für die Augenfarbe«. Dann tragen die Keimzellen (Ei- oder Samenzellen), die ein solcher Mensch produziert, jeweils zu 50 Prozent das Allel (das heißt das Gen) für blaue und für braune Augen. Aber dieses Gesetz hat nicht die geforderte Allgemeingültigkeit, sondern es gibt Ausnahmen. Durch einen Mechanismus, der als meiotisches Ungleichgewicht oder *meiotic drive* bezeichnet wird, können die Allelhäufigkeiten von den Mendelschen Erwartungen abweichen (Taylor und Ingvarsson 2003). In solchen Fällen ist ein Allel in der Keimzellenpopulation überrepräsentiert. Daß es Ausnahmen gibt, ist für allgemeine Aussagen in der Biologie typisch. Nur die wenigsten von ihnen entsprechen auch nur annäherungsweise den strengen Anforderungen an ein Gesetz. Wenn Gesetze in der Naturwissenschaft für Voraussagen, Erklärungen und Eingriffe eine wichtige Rolle spielen, wirft ihr Fehlen in der Biologie offensichtlich ein schwerwiegendes Problem auf.

Was sollen wir von unseren Kenntnissen über biologische Systeme halten, wenn man sie nicht als universelle, ausnahmslos gültige, notwendige Wahrheiten bezeichnen kann? Daß sie dieser Beschreibung nicht entsprechen, wurde auf die *Kontingenz* evolutionär entstandener komplexer Strukturen zurückgeführt. Ihnen fehlt die Notwendigkeit, die physikalische Gesetze zu besitzen scheinen. Die Organisation biologischer Systeme ist durch Evolution entstanden, und deshalb haben sich auch die allgemeinen Eigenschaften der biologischen Welt im Laufe der Zeit gewandelt. Die Kausalstrukturen hätten nicht nur physikalisch anders sein können, sondern sie waren in den verschiedenen Phasen der Evolution tatsächlich anders und unterscheiden sich auch heute in verschiedenen Gruppen evolutionär entstandener Strukturen. Ausnahmslos gültige Universalität und Notwendigkeit sind also offensichtlich nicht zu erreichen. Die traditionelle Definition wissenschaftlicher Gesetze liegt außerhalb der Reichweite der Biologie.

Der Wissenschaftsphilosoph John Beatty bezeichnete die Tatsache, daß allgemeine Aussagen über evolutionär entstandene biologische Systeme nicht den üblichen Anforderungen an naturwissenschaftliche Gesetze entsprechen, als »These der evolutionären Kontingenz«:

»Wenn man feststellt, daß allgemeine biologische Aussagen der evolutionären Kontingenz unterliegen, sagt man damit auch, daß es sich bei ihnen nicht um Naturgesetze handelt – sie sind kein Ausdruck einer natürlichen Notwendigkeit; sie mögen zwar wahr sein, aber nichts in der Natur macht ihre Wahrheit notwendig.« (Beatty 1995, S. 52)

Beatty lehnt die Vorstellung von biologischen Gesetzen schon als solche ab, weil allgemeine Aussagen zwar wahr, aber auch kontingent sind und damit die traditionelle Anforderung der

Notwendigkeit nicht erfüllen. Nach meiner Überzeugung spiegelt sich in den Anforderungen nicht die Realität der wissenschaftlichen Praxis wider, und sie haben zur Folge, daß unsere Kenntnisse darüber, wie Menschen mit der Komplexität ihrer Umwelt umgehen, unvollständig bleiben.

Stephen Jay Gould formulierte in seinem Buch *Wonderful Life* (dt. *Zufall Mensch*) eine Metapher für die Kontingenz von Körperbau und Verhalten der Menschen. Nach seiner Ansicht könnten die evolutionär entstandenen Formen und Verhaltensweisen, die wir im 21. Jahrhundert auf der Erde antreffen, auch ganz anders aussehen – dazu hätten manche Ereignisse in der Vergangenheit sich nur geringfügig anders abspielen müssen. Er zieht die Analogie zu dem Film *It's a Wonderful Life* (dt. *Ist das Leben nicht schön?*) von Frank Capra aus dem Jahr 1946: Darin besucht die Hauptfigur George Bailey (gespielt von James Stewart) eine Welt, die aussieht, als wäre er nie geboren worden. George Bailey kommt in eine öde, von Verbrechen und Armut heimgesuchte Kleinstadt an Stelle der viel hoffnungsvolleren Stadt, die sich entwickelt hat, nachdem er geboren wurde. Die Geschichte hat eine eindeutige Moral: Baileys Existenz ist die entscheidende Ursache für den Unterschied zwischen einer öden und einer prosperierenden Stadt. Ähnlich launisch, so Gould, ist auch die Evolution: Wenn wir »das Tonband der Evolution zurückspulen würden« wie George Bailey (oder Frank Capra) es in der Filmhandlung tut, würde die Entwicklung beim zweiten, dritten oder x-ten Mal jeweils einen ganz anderen Verlauf nehmen. Gould formuliert es so:

»Ich nenne dieses Experiment ›Das Band des Lebens wird nochmals abgespielt‹. Sie sorgen dafür, daß alles, was wirklich geschehen ist, gründlich gelöscht wird, drücken dann auf die Rückspultaste und gehen zu irgendeinem Zeitpunkt und irgendeinem Ort in der Vergangenheit zurück – sagen wir, zu den Meeren des Burgess Shale. Nun lassen Sie das Band noch einmal ablaufen und prüfen, ob die Wiederholung überhaupt etwas mit dem Original zu tun hat. Wenn die Wiederholung in allen Fällen eine starke Ähnlichkeit mit dem tatsächlichen Gang des Lebens aufweist, kommen wir nicht an dem Schluß vorbei, daß das, was tatsächlich geschehen ist, auch in etwa so eintreten mußte. Doch angenommen, die einzelnen Versuche erbrächten allesamt Resultate, die sich von der tatsächlichen Geschichte des Lebens deutlich abheben. Wie stünde es dann um die Vorhersagbarkeit von selbstbewußter Intelligenz oder von Säugetieren oder Wirbeltieren, von Landlebewesen oder auch nur von vielzelligem Leben, das 600 Millionen schwierige Jahre durchgehalten wird?« (Gould 1991)

Goulds Fragen sind rhetorisch gemeint. Natürlich mußte keine Eigenschaft eines komplexen Lebewesens so entstehen. Nehmen wir beispielsweise die Flamingos. Diese Vögel haben eine einzigartige Lebensweise und ernähren sich ungewöhnlich. Sie stehen im seichten Wasser, verbiegen den Hals, drehen den Schnabel herum und bewegen den Kopf seitlich hin und her. Mit ihrer schnell vor- und zurückfahrenden Zunge schieben sie Wasser in den vorderen Teil des Schnabels und pressen es seitlich wieder nach außen, wobei gezackte Platten an der Zunge Algen und kleine Krebse festhalten. Genau betrachtet, ist es eigentlich recht unwahrscheinlich, daß sich ein Lebewesen wie ein Flamingo entwickelt. Sind Flamingos eine notwendige Folge der Naturgesetze, die in Laplaceschem[6] Gleichschritt vom Urknall bis zum Auftauchen der ersten primitiven Flamingo-Vorfahren vor 50 Millionen Jahren ihre Wirkung entfaltet haben? Warum haben Flamingos ein so eigenartiges Freßverhalten, warum färbt sich ihr Gefieder durch die in ihrem Blut enthaltenen Carotinoidfarbstoffe rosa oder rot, und warum besitzen sie eine Art Erektionsgewebe, das bei Vögeln einzigartig ist (Holliday u. a. 2006)? Oder kurz gefragt: Warum gibt es diese seltsamen Tiere mit ihren Eigenschaften und Verhaltensweisen? Angenommen, wir würden das Tonband der Evolution 60 Millionen Jahre weit zurückspulen und dann erneut ablaufen lassen: Würde es wiederum Flamingos geben? Die Antwort lautet ganz offensichtlich »nein«.

Die Zufälligkeit von Existenz und Eigenschaften lebender Systeme scheint biologische Objekte deutlich von denen der Physik und auch der Chemie zu unterscheiden. Physikalische Teilchen unterliegen Gesetzen, und ihr Verhalten läßt sich durch diese Gesetze erklären, ganz gleich, wo oder wann solche Teilchen auftreten. Das Newtonsche Wissenschaftsverständnis drängt darauf, nach den grundlegenden Gesetzen zu suchen, die über fundamentale Teile der Materie herrschen, und man hofft, mit ihnen dann alle Vorgänge erklären zu können. Aber die komplexen, durch Evolution entstandenen Strukturen, welche die Domäne der Biologie bilden (und auch vieler anderer Disziplinen, insbesondere der Sozialwissenschaften), passen nicht in dieses vorgezeichnete Raster.

Nun könnte man fragen: Sind die Gesetze der Physik oder Chemie eigentlich notwendig? Die evolutionäre Kontingenz, die Beatty den allgemeinen biologischen Aussagen zuschreibt, trennt diese nicht von Aussagen in anderen Wissenschaftsgebieten. Alle wissenschaftlichen Gesetze oder Naturgesetze sind in zweierlei Hinsicht von Unwägbarkeiten bestimmt. Erstens sind sie eindeutig logisch kontingent. Und zweitens sind sie insofern »evolutionär«, als die von ihnen beschriebenen Zusammenhänge davon abhängen, daß bestimmte andere Bedingungen gegeben sind. Die Version von Galileis Fallgesetz, wonach die Fallstrecke je Zeiteinheit für alle Körper

$$\frac{1}{2} \times 9{,}8 \text{ Meter je Sekunde} \times \text{Quadrat der Fallzeit}$$

beträgt, beschreibt tatsächlich die Beziehungen zwischen Körpern in unserer Welt, aber sie setzt voraus, daß die Erde genau diese und keine andere Masse hat. Würde der Erdkern beispielsweise nicht aus Eisen mit einem Atomgewicht von 55,85, sondern aus Blei mit einem Atomgewicht von 207,2 bestehen, wäre die Erdbeschleunigung etwa viermal so hoch, wie sie tatsächlich ist (wobei die Kraft, die diese Beschleunigung erzeugt, allerdings immer noch Newtons Gesetz der umgekehrten Quadrate unterliegen würde). Die Beschleunigung in Galileis Gesetz, 9,8 Meter je Sekunde zum Quadrat, ist eine kontingente Folge der Erdzusammensetzung. Daß die Erde so und nicht anders aufgebaut ist, läßt sich auf den Ursprung des Universums sowie die Entstehung der Sterne und Planeten zurückführen. Allgemein gesagt, herrschen in unserer Welt bestimmte Bedingungen, von denen der Wahrheitsgehalt von Gesetzen wie dem des freien Falls abhängig ist. Sie könnten auch anders sein. Das gilt unabhängig davon, ob diese Bedingungen die Folge einer bestimmten Episode in der biologischen Evolution sind und weiteren Abwandlungen unterliegen oder ob sie in den ersten drei Minuten nach der Entstehung des Universums festgelegt wurden. Ganz gleich, was man sonst noch glaubt: Wissenschaftliche Gesetze beschreiben unsere Welt und nicht eine logisch notwendige Welt.

Alle Gesetze sind logisch kontingent, und doch besteht ein Unterschied zwischen Mendels Gesetz der 50:50-Segregation und Galileis Fallgesetz. Wie können wir diesen Unterschied beschreiben? Es handelt sich nicht um den Unterschied zwischen einer Aussage, die nicht anders sein kann (einem »Gesetz«), und einer Aussage über etwas Kontingentes (einem »Nichtgesetz«). Um den Unterschied zwischen den beiden Gesetzen richtig darstellen zu können, braucht man einen Rahmen, in dem man verschiedene Grade für die Stabilität der Bedingungen festlegt, nach denen die beschriebene Beziehung kontingent ist. Die Bedingungen, auf denen die verschiedenen Gesetze beruhen, schwanken im Hinblick auf ihre zeitliche und/oder räumliche Stabilität.

Der Gegensatz zwischen natürlicher Kontingenz und natürlicher Notwendigkeit ergibt sich, wenn man natürliche Zusammenhänge in den Rahmen logischer Begriffe stellt. In der Logik sind alle Aussagen entweder auf Grund ihrer Form oder der Bedeutung ihrer Begriffe notwendig, oder aber sie sind kontingent, weil ihr Wahrheitsgehalt von Tatsachen abhängt. Mathematische Aussagen wie 2+2=4 sind notwendigerweise wahr – sie können nicht anders sein. Die Behauptung »Alle Junggesellen sind unverheiratet« ist wegen der Bedeutung der Begriffe notwendigerweise wahr, und auch eine formale Aussage über Identitäten (A ist A) ist notwendigerweise wahr. Dagegen können Tatsachenbehauptungen wie »in der Schale sind vier Äpfel«, »John ist Junggeselle« oder »Beschleunigung ist eine Funktion der Kraft« wahr oder falsch sein. Kontingente Wahrheit hängt von den Eigenschaften der Welt ab, über die wir unsere Behauptungen aufstellen. Ein Mittelding zwischen logischer Notwendigkeit und logischer Kontingenz gibt es nicht. Jede Aussage ist entweder das eine oder das andere.

Der Versuch, den logischen Gegensatz zu übernehmen und in der Naturwissenschaft zur Einteilung empirischer, allgemeiner Aussagen einzusetzen, scheitert. Nach meiner Überzeugung war gerade der Versuch, die logische Unterscheidung auf die Naturwissenschaft zu übertragen, eine Ursache für die traditionelle

Ansicht, naturwissenschaftliche Gesetze seien »von Natur aus notwendig«. Wenn man die logische Notwendigkeit zum Vorbild für die natürliche Notwendigkeit macht, unterstellt man automatisch, daß es sich in beiden Fällen um Alles-oder-nichts-Eigenschaften handelt. Logisch betrachtet, ist eine Aussage entweder notwendig oder kontingent. *Nomologisch* ist ein Zusammenhang zwischen zwei Ereignissen in der Welt entweder notwendig oder zufällig.

Der Unterschied zwischen allgemeinen Aussagen in der Physik auf der einen Seite und der Biologie oder Sozialwissenschaft auf der anderen läßt sich mit dem Gegensatz zwischen Notwendigkeit und Zufälligkeit nicht angemessen wiedergeben. Jede naturwissenschaftliche Aussage beschreibt Wahrheiten, die auch anders sein könnten, sei es auf Grund der physikalischen oder aber der biologischen Bestandteile unserer Welt. Demnach sind die »Gesetze« der Physik und Biologie gleichermaßen kontingent: Ihr Wahrheitsgehalt hängt nicht von einer logischen Form oder Definition ab, sondern davon, ob sie unsere Welt zutreffend wiedergeben. Unterschiede gibt es zwar, aber die sind nicht qualitativer, sondern quantitativer Natur.

Wenn sich die Voraussetzungen ändern, auf denen Galileis Gesetz beruht, ergeben sich daraus größere Folgerungen als aus einer Änderung der historischen Bedingungen, von denen das Mendelsche Gesetz abhängt. Die gesetzmäßigen Beziehungen – hier frei fallende Körper und die Erde, dort Eltern und die Häufigkeit der Gameten (Geschlechtszellen, Keimzellen, die bei der Befruchtung miteinander verschmelzenden, als männlich und weiblich unterschiedenen, haploiden Zellen) – weisen also ein unterschiedliches Maß an Stabilität auf. Die tatsächliche Beschleunigung fallender Körper ist unter den gegebenen Bedingungen deterministisch, das Mendelsche Gesetz dagegen ist probabilistisch. Beide unterscheiden sich also im Ausmaß ihrer Kontingenz, weil die Bedingungen, von denen sie abhängen, unterschiedlich stabil sind, aber – und das ist wichtig – es handelt sich dabei nicht um einen qualitativen Unterschied. In beiden Fällen sind die in den allgemeinen Aussagen beschriebenen Kausalbeziehungen zufälliger Natur, und beide sind in unserer Welt wahr.

Die Stabilität der Bedingungen, von denen die Kausalbeziehungen abhängen, bildet ein Kontinuum und nicht etwa einen unterteilten Raum mit dem Zufälligen auf der einen Seite und dem Notwendigen auf der anderen. Zur Messung der Stabilität gibt es keinen klaren Maßstab, aber nach meiner Überzeugung besteht eine gewisse Reihenfolge zwischen den verschiedenen Wissenschaftsdisziplinen, und die liefert Aufschlüsse über die Unterschiede in den Erklärungsproblemen, mit denen sich Biologen und Sozialwissenschaftler im Vergleich zu Physikern auseinandersetzen müssen.

Notwendigkeit, Möglichkeit und das kontingente Universum

Wo liegt der Unterschied zwischen allgemeinen Aussagen über evolutionär entstandene, komplexe biologische Systeme und den Erkenntnissen aus Chemie und Physik, die auch für biologische Systeme gelten? Was sich in der Evolutionsbiologie verwirklicht, ist abhängig von der früheren Entwicklungsgeschichte der Dinge auf der Erde und von den Beziehungen, die beschreiben, wie komplexe Systeme aus ihren Einzelteilen zusammengesetzt sind. Aber nicht jede biologische Form, die möglich wäre, hat tatsächlich existiert, und manche Formen verwirklichen sich vielleicht nie. Das gleiche gilt auch für physikalische und chemische Formen sowie für die Gesetze, denen sie unterliegen. Daß unser Universum so und nicht anders ist, liegt nicht daran, daß es aus logischer Notwendigkeit so sein müßte. In diesem Sinn verwirklicht sich in unserem Universum eine bestimmte Teilmenge der logisch möglichen Beziehungen und Strukturen, die ins Dasein hätten treten können, es aber nicht getan haben (siehe Abbildung 1).

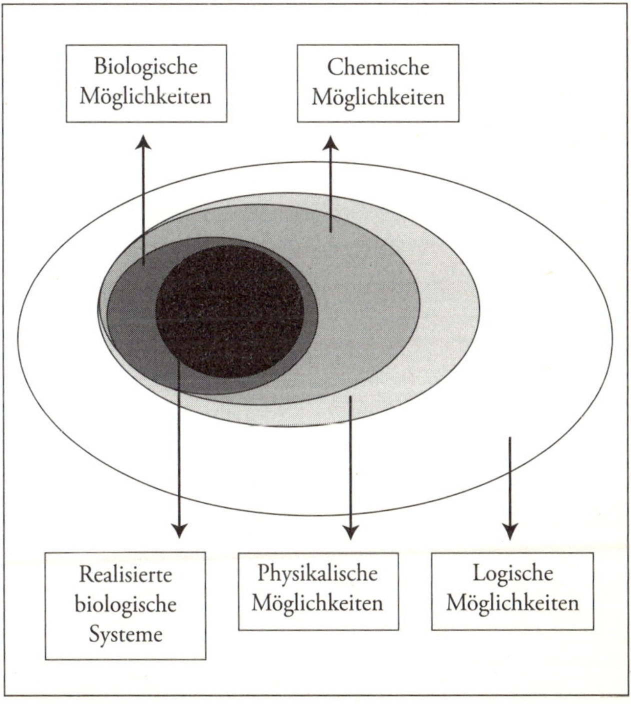

Abbildung 1

Der Bereich des physikalisch Möglichen umfaßt auch die Teilmenge des physikalisch Vorhandenen – die nach meiner Vermutung nicht alles darstellt, was physikalisch möglich wäre. Die Uratome könnten beispielsweise zur Zeit des Urknalls eine andere Materiemenge enthalten haben, und daraus hätten sich Folgerungen für die Zusammenhänge und Kausalbeziehungen ergeben, mit denen sie beschrieben werden (siehe Smolin 1997). Unter »physikalisch oder natürlich notwendig« sollte man vielleicht verstehen: Wenn gewisse grundlegende Eigenschaften festliegen, sind alle weiteren Beziehungen, die zwischen physikalischen Eigenschaften und Ereignissen herrschen können, in Abhängigkeit von diesen *kontingenten* Vorbedingungen notwendig.

Wenn man davon ausgeht, daß manche physikalischen Eigenschaften unseres Universums beispielsweise während der ersten drei Minuten nach dem Urknall festgelegt wurden (siehe Weinberg 1993), kann man als nächstes fragen: Welche weiteren physikalischen Ereignisse ergeben sich daraus? Könnte die Menge der chemischen Elemente während der Evolution der Sterne schwanken, wenn wir das »Tonband« der physikalischen Vergangenheit unseres Universums »zurückspulen« und »noch einmal abspielen«? Was für biologische Formen wären zu den verschiedenen Zeitpunkten in der physikalischen Geschichte des Universums möglich? Und welche biologischen Formen sind tatsächlich Wirklichkeit geworden?

Nach der Kontingenzthese hätte die Lebensgeschichte biologischer Organismen und die Entwicklung ihres Verhaltens irgendwann in der Vergangenheit auch einen anderen Verlauf nehmen können, ohne daß sich dazu die physikalischen Gesetze, die für biologische Formen eine Einschränkung darstellen, hätten ändern müssen. Durch Zufall – beispielsweise in Form des radioaktiven Zerfalls – kann es zu Mutationen in der DNA der Keimbahn kommen, so daß in einer Population neue Variationen der Selektion ausgesetzt sind, und das wiederum kann dazu führen, daß der Evolutionsweg dieser Population seine Richtung ändert. Ionisierende Strahlung kann Mutationen auslösen (siehe Forster u. a. 2002), und da der radioaktive Zerfall probabilistisch stattfindet, stellt er eine plausible Ursache für die Kontingenz evolutionär entstandener biologischer Formen dar.

Da die natürliche Selektion einerseits die Evolutionsrichtung für besser angepaßte Formen vorgibt, während gleichzeitig stochastische Phänomene wie die ionisierende Strahlung hinzukommen, beschränkt sich der Bereich der verwirklichten biologischen Formen auf einen ganz bestimmten Teil der Gesamtmenge möglicher biologischer Formen. Biologen beschäftigen sich nicht in erster Linie mit der Frage, was angesichts der Beschränkungen, die physikalische und chemische Zusammenhänge der biologischen Form auferlegen, überhaupt biologisch notwendig ist, sondern sie wollen erklären, was im größeren Raum des biologisch Möglichen zufällig vorhanden ist (Dawkins 1996, Dennett 1995). Das heißt nicht, daß an der Frage des biologisch Notwendigen kein Interesse bestünde. Fontana und Buss (1994) haben ein Modell dafür entwickelt, welche Eigenschaften alle Lebewesen gemeinsam haben müssen. Lebendig wird ein Objekt durch die Eigenschaften der Selbsterhaltung und Selbstverdoppelung. Solche allgemeinen Merkmale liefern zwar Aufschlüsse über die Lebewesen, die unseren Planeten in der Vergangenheit bevölkert haben und heute noch bevölkern, aber sie erklären nicht, warum die heutigen Lebewesen sich so und nicht anders verhalten.

Biologen konzentrieren sich in erster Linie auf die Formen, die in der Evolution tatsächlich entstanden sind, und nicht auf den gesamten Bereich des biologisch Möglichen. Bei den Ursachen, die biologische Formen in die von ihnen besetzte Region treiben, handelt es sich um Evolution durch natürliche Selektion, entwicklungsbedingte Beschränkungen und Zufall. Die Kontingenz der Evolution macht deutlich, daß keine der Formen und Regeln, denen die vorhandenen biologischen Systeme unterliegen, notwendig sind. Dies gilt trotz der »von unten« wirkenden Beschränkungen: Obwohl sie sich aus den gleichen physikalischen Bestandteilen zusammensetzen, hätten sie auch anders aussehen können, und ebenso besteht die Möglichkeit, daß sie in Zukunft anders sind.

»Wir können den Algorithmus der natürlichen Selektion auf den Inhalt unseres Herzens so oft anwenden, wie wir wollen, nie werden wir die kontingenten Muster herauslesen können, die im Laufe der Erdgeschichte eingebaut wurden. Hier und da gelangen wir zu vorhersagbaren Elementen (konvergente Evolution von Flügeln bei Flugtieren), aber uns begegnen auch zu viele Zufälligkeiten, die eine Fülle von Ursachen haben, zu viele zusätzliche Prinzipien aus der biologischen Theorie und zu viele unvorhersehbare Wirkungen außerbiologischer Umwelteinflüsse (einschließlich gelegentlicher Meteoreinschläge); das alles macht deutlich, daß die Theorie der natürlichen Selektion mit mehreren anderen Gesetzmäßigkeiten des Wandels zusammenwirken muß, damit man mit ihr die tatsächlich beobachteten Gesetzmäßigkeiten der Evolution erklären kann.« (Gould 1997)

Demnach kann es im Bereich der biologischen Strukturen zu Veränderungen kommen, ohne daß sich zwangsläufig auch die grundlegende physikalische Substanz ändern muß – vorausgesetzt, es handelt sich lediglich um eine Veränderung von Struktur und Organisation. Die grundlegenden biochemischen Komponenten einer Biene sind zum Beispiel bei alleinlebenden und gesellschaftsbildenden Insekten die gleichen. Beide Gruppen unterscheiden sich aber in ihrem Verhalten und gehorchen unterschiedlichen Regeln; dies ist keine Folge ihrer grundlegenden biologischen Eigenschaften, sondern es ergibt sich aus dem sozialen Zusammenhang, in dem sie leben, und aus der Rückkopplung, die sich in diesem Zusammenhang entwickelt. Mit einem reduktionistischen Ansatz erhält man zwar eine gewisse Erklärung für das Verhalten komplexer Systeme, aber alles ist damit nicht erklärt. Auch wenn man sich auf die allgemeingültigen Merkmale komplexer Systeme konzentriert, gelangt man zwar zu gewissen Erkenntnissen, aber nicht zu einer umfassenden Erklärung für die unwägbaren Ergebnisse von natürlicher Selektion und Zufall.

Welcher Zusammenhang besteht demnach zwischen unseren Erkenntnissen über das physikalische Universum und dem, was wir mittlerweile über die biologischen Bestandteile dieses Universums wissen? Die meisten Grundgesetze der Physik sind universell anwendbar, das heißt, sie sind auch bei verändertem Kontext stabiler als die Kausalbeziehungen, die wir in der Welt der Biologie entdecken. Nach meiner Überzeugung handelt es sich dabei aber, wie gesagt, nicht um qualitative, sondern um quantitative Unterschiede. Daß in unserer Welt kausale Abhängigkeiten gelten, liegt weniger an Sprache oder Logik als vielmehr an der Funktionsweise dieser Welt. Dies gilt für die Thermodynamik ebenso wie für die Populationsbiologie. Dennoch sind viele Zusammenhänge zwischen physikalischen Eigenschaften oder Vorgängen stabiler als die Beziehungen zwischen biologischen Phänomenen. Zwischen physikalischer Grundlagenforschung und den Bio- oder Sozialwissenschaften besteht durchaus ein Unterschied, aber dabei handelt es sich nicht um den Unterschied zwischen einem Bereich der Gesetze und einem Bereich ohne Gesetze. Wie der Unterschied aussieht, können wir verstehen und wiedergeben, wenn wir den begrifflichen Raum erweitern, in dem wir die Erkenntnisse der verschiedenen Wissenschaftsdisziplinen unterbringen. Für das biologische Wissen geht es also nicht um die Frage, ob die Kenntnisse das gleiche Wesen haben wie die der physikalischen Grundlagenforschung; interessant ist vielmehr, wie man die verschiedenen Typen kontingenter, komplexer Kausalbeziehungen charakterisiert, die man in diesem Bereich antrifft.

Zu sagen, Gesetze seien kontingent, reicht nicht. Man muß auch genau darlegen, von welchen Voraussetzungen sie abhängen und wie diese Abhängigkeit funktioniert. Kausale Kontingenz kann ein unterschiedliches Maß an Stabilität besitzen, und es gibt verschiedene Arten der Kontingenz. Nur wenn man diese Unterschiede genauer erörtert, statt kontingente biologische Tatsachen in die gleiche Kategorie von Zufällen einzuordnen wie die Beschränkungen für den Durchmesser von Goldkugeln, nimmt man das Wesen komplexer Systeme ernst. Das Problem der naturwissenschaftlichen Gesetze ist nicht nur ein Aspekt unserer gescheiterten Bemühungen um Erkenntnisgewinn, sondern es ist abhängig vom Wesen der Komplexität jener Gegenstände, die man in Biologie und Sozialwissenschaft untersucht. Ein angemessenes Verständnis für die Gesetze setzt ein besseres Verständnis der Kontingenz voraus: Nur damit können wir feststellen, auf wie vielfältige Weise Gesetze nicht »universell und ausnahmslos gültig« sind. Und nur dann können wir darauf hoffen, daß wir die Welt mit Hilfe solcher Kenntnisse erklären, voraussagen und durch unsere Eingriffe verändern können.

Wie wir die Welt untersuchen

Ich habe zuvor die Ansicht vertreten, daß die Kontingenz der komplexen Strukturen in unserer Welt uns zwingt, uns andere *Vorstellungen* davon zu machen, um was für Erkenntnisse wir uns bemühen sollten. Aber wenn man anerkennt, daß Kontingenz zur Machart unserer Welt gehört, ergeben sich daraus noch mehr Konsequenzen: Ausnahmen sind die Regel, und man muß damit rechnen, daß viele Kausalzusammenhänge nur einen begrenzten Geltungsbereich haben. Aus manchen dieser Konsequenzen ergeben sich weitreichende Folgerungen für die *Methoden*, mit denen wir unsere komplexe Welt untersuchen. Sie besagen, daß wir die traditionelle Vorstellung von »der wissenschaftlichen Methode« aufgeben müssen; an ihre Stelle treten pragmatische, pluralistische Auffassungen von vielfältigen wissenschaftlichen Methodensystemen, die zum integrierten Verständnis für eine komplexe Welt führen.

Komplexe Strukturen und ihr Verhalten sind kontingent, beruhen aber auf mehr oder weniger stabilen, über das Universum verstreuten Fundamenten. Sie sind in unterschiedlicher Form vom Zusammenhang oder von historischen Vorbedingungen abhängig. Im letzten Abschnitt haben wir uns auf die evolutionsbedingte Kontingenz konzentriert, das heißt auf die Frage, wie Zufall und Selektion gemeinsam die Menge der tatsächlichen Strukturen im Laufe der Zeit durch den Raum der möglichen Strukturen bewegen. Eine andere Form der Kontingenz findet man, wenn sich bei komplexen, durch Evolution entstandenen Strukturen die Merkmale der Systemebene entwickeln. Wir wollen hier einen Typ genauer betrachten, den ich als »Entwicklungskontingenz« bezeichne (siehe auch Oyama u. a. 2001).

Welche Kausalbeziehung besteht zwischen den Genen eines

Organismus und seinen Phänotypmerkmalen wie der Augenfarbe oder der Reizschwelle, deren Überschreitung die Nahrungssuche auslöst? Mit Sicherheit ist diese Beziehung komplex. Jahrzehntelang bemühten sich Wissenschaftler um die Entwicklung von Hilfsmitteln, mit denen sie ein Gen exakt manipulieren konnten, um so seine Mitwirkung am Phänotyp zu studieren. Den Durchbruch brachten die achtziger Jahre mit der Transgentechnologie, auch »Genübertragung« genannt (Müller 1999, Wolff und Lederberg 1994, Nelson 1997, Wolfer 2002). Mit diesem Verfahren kann man ein Gen eines Tiers gezielt durch ein Fremdgen ersetzen und dann die Funktion des ausgetauschten Gens studieren. Mit solchen Transgenexperimenten verfolgt man das Ziel, die vom ursprünglichen Gen verursachten Wirkungen auszuschalten, denn daraus erhofft man sich Aufschlüsse über die phänotypischen Effekte dieses Gens. Solche Untersuchungen von Ursache und Wirkung scheinen einfach zu sein: Man beobachtet die Verhältnisse mit der mutmaßlichen Ursache und ohne sie, ganz ähnlich, wie wenn man das Verhalten geladener Teilchen mit und ohne Magnetfeld beobachtet. Der Unterschied zwischen den beobachteten Effekten liefert Aufschlüsse über die Wirksamkeit der untersuchten Ursache.

In der Anfangszeit der Transgentechnologie konnte man noch nicht steuern, an welcher Stelle des Genoms das neue genetische Material eingebaut wurde. Die Position eines Gens ist aber für seine Funktion von großer Bedeutung, und deshalb erhielt man zunächst keine besonders guten Anhaltspunkte für den Kausalzusammenhang zwischen einem bestimmten Gen und einem spezifischen Phänotyp. Später wurde die sogenannte Gen-Knockouttechnik entwickelt. Jetzt war es möglich, ein Gen an einer ganz bestimmten Position beispielsweise in das Genom einer Maus einzubauen, und damit war man auch in der Lage, ein bestimmtes Gen durch ein inaktives oder mutiertes Allel zu ersetzen (Müller 1999). Man schaltet dabei in embryonalen Stammzellen ein genau festgelegtes Zielgen aus. Wenn der Embryo mit dem defekten Gen lebensfähig ist und heranreift, kann man die so entstandene Maus mit einem zweiten »Knockout«-Exemplar kreuzen, so daß Nachkommen mit einer Doppelmutation entstehen. Diese Tiere besitzen nun zwei inaktive Gene an Stelle der normalen Allele. Knockout-Tiere sind also ein experimentelles Hilfsmittel, das eine sehr wirksame Entfernung eines untersuchten Gens ermöglicht. Durch morphologische und physiologische Vergleiche zwischen normalen und doppelt mutierten Tieren kann man genau herausfinden, welche Funktion das fragliche Gen in einem normalen Organismus erfüllt.

Knockout-Experimente entsprechen nahezu dem Idealfall der vollständigen Kontrolle, und sie ermöglichen stichhaltige Rückschlüsse auf Kausalstrukturen. Das Vorbild für solche Rückschlüsse sind die berühmten Regeln der Logik, die John Stuart Mill in der Nachfolge von John Herschel, dessen Vordenker wiederum Francis Bacon war, als sogenannte Mill-Methode festschrieb (Mill 1843). Besonders eindeutige Rückschlüsse auf Kausalbeziehungen ermöglicht Mills Methode der Unterschiede. Wenn man zwei Systeme beobachtet, die sich nur in einer einzigen Hinsicht unterscheiden und ansonsten völlig gleich sind, kann man unterschiedliche Wirkungen in den beiden Systemen auf den untersuchten Unterschied im Ausgangszustand zurückführen. An diesem Gedankengebäude von Mills Methode des Folgerns orientieren sich die meisten naturwissenschaftlichen Experimente.

Was können wir aus den Knockout-Experimenten lernen? In etwa 15 Prozent der Fälle erweist sich das Fehlen eines Gens als tödlich. Dann weiß man, daß das fragliche Gen für die Entwicklung und das Überleben des Organismus eine wichtige Rolle spielt, aber im einzelnen läßt sich seine Funktion nicht feststellen. In anderen Fällen beobachtet man bei den Nachkommen normaler und mutierter Tiere unterschiedliche Phänotypen, aus denen man Rückschlüsse auf die Funktion des untersuchten Gens ziehen kann. Solche Forschungsarbeiten beschäftigen sich vielfach mit Genen, die an schweren Krankheiten beteiligt sind. Wichtige Erkenntnisse lieferte beispielsweise die »p53-Knockout-Maus«: Wenn man das Gen p53, dessen Proteinprodukt für das Zellwachstum wichtig ist, bei einer Maus abschaltet, bekommt das Tier mit hoher Wahrscheinlichkeit zahlreiche Tumore. Menschen mit einer Mutation des p53-Gens leiden am Li-Fraumeni-Syndrom, einer seltenen, dominanten, genetisch bedingten Krankheit, die mit einem stark erhöhten Risiko für Knochen-, Brust- und Blutkrebs sowie für Krebserkrankungen im jugendlichen Alter verbunden ist (Li und Fraumeni 1969). Das normale p53-Gen sorgt für eine ordnungsgemäße Zellentwicklung, solange die Zellen nicht aus anderen Gründen geschädigt sind; ist es auf Grund einer Mutation defekt oder nicht mehr vorhanden, kommt es zu einer anormalen Zellentwicklung in Verbindung mit einer starken Krebsanfälligkeit. In diesem Fall lieferte das Knockout-Verfahren die erwarteten Ergebnisse: Es legte eine allgemeine kausale Wirkung des p53-Gens offen.

In bis zu 30 Prozent der Knockout-Experimente mit lebensfähigen Doppelmutanten hat die Ausschaltung eines Gens jedoch nur geringfügige oder gar keine erkennbaren Auswirkungen auf den Phänotyp (Ihle 2000, Edelman und Gally 2001). Was ist da los? Wenn das Gen sich auf ein Merkmal auswirkt und man das Gen blockiert – sollte man dann nicht einen Effekt erkennen? Ist das ausgeschaltete Gen vielleicht überhaupt nicht kausal für irgendein Merkmal verantwortlich? Eigentlich besagt die Logik kontrollierter Experimente: Wenn das ausgeschaltete Gen die

Ursache des Merkmals war und wenn man den kausalen Beitrag dieses Gens blockiert, muß sich dies auf das Produkt – das heißt das Merkmal – auswirken. Da in 30 Prozent der Knockout-Experimente keine Auswirkung auf den Phänotyp zu beobachten ist, ergibt sich daraus die Schlußfolgerung, daß die blockierten Gene in diesen Fällen für den Organismus keine kausale Bedeutung haben. Aber die Befunde sind nicht immer eindeutig. Nach Ansicht mancher Genetiker deuten die Fälle, in denen die Geninaktivierung keinen nennenswerten Effekt auf den Phänotyp hat, in Wirklichkeit auf ein komplexeres kausales Netzwerk hin: auf das genetische Netzwerk der dynamischen Plastizität.

In der Frage, was man von solchen anormalen experimentellen Befunden halten soll, in denen normale Organismen und Knockout-Varianten einen sehr ähnlichen Phänotyp haben, sind auch die Biologen ratlos. Besonders deutlich werden die unterschiedlichen Sichtweisen in zwei Passagen aus der Fachliteratur. Die erste stammt von Mario Capecchi, einem der Erfinder des Knockout-Verfahrens. Er behauptet, es *müsse* einen Unterschied geben, wenn man ein Gen ausschaltet. »Ich glaube nicht an völlige Redundanz. Wenn wir ein Gen ausschalten und dann nichts sehen, haben wir nicht richtig hingeschaut« (zitiert in Travis 1992, S. 1394). Die zweite Passage stammt von Robert Weinberg, einem Pionier der Krebsgenetik. Seine Vermutung: Wenn zwischen dem normalen Organismus und der Knockout-Variante kein Unterschied zu erkennen ist, sollte man daraus schließen, daß das ausgeschaltete Gen keine nennenswerte Funktion erfüllt. »Das ist heute die große Überraschung: Viele Gene, von denen man jedes einzelne für wichtig hielt, haben sich für die Entwicklung als entbehrlich erwiesen« (zitiert in Travis 1992, S. 1394).

Die Ergebnisse von Knockout-Experimenten zu interpretieren ist schwierig: Ihre Effekte sind meist vom lokalen und globalen genetischen Hintergrund abhängig. Merkmale wie beispielsweise die Sichelzellenanämie, die von rezessiven Genen verursacht werden, prägen sich nur dann aus, wenn an dem fraglichen Genlocus zwei veränderte Allele vorhanden sind. Dominante Merkmale wie das Li-Fraumeni-Syndrom dagegen werden von einem einzigen Allel ausgelöst, ganz gleich, wie das zweite aussieht. In komplexeren Zusammenhängen hat das Vorhandensein oder Fehlen eines Strukturgens oder Strukturgenpaares unterschiedliche Effekte, je nachdem, welche anderen Gene außerdem vorhanden sind. Dies gilt zum Beispiel für das allgemein bekannte *lac*-Operon, das von Jacques Monod und François Jacob untersucht wurde (Jacob und Monod 1961). In diesem Fall umfaßt das genetische System die Abschnitte mit Operator, Repressor und Promotor. Lactose wird im Stoffwechsel umgesetzt, wenn drei Strukturgene exprimiert werden, aber deren Expression hängt davon ab, ob an einer Regulationsstelle im Genom ein Repressor gebunden ist. Die normalen, nicht mutierten Strukturgene allein reichen nicht aus, um das Verhalten des Systems festzulegen. Zusätzlich muß man wissen, wie seine Komponenten und die anderen Gene in diesem Zusammenhang organisiert sind.

Außerdem hat der Kausalprozeß, der vom Gen über das Protein und die Zelle zu den weiter entfernten phänotypischen Ausdrucksformen führt, verschiedene Stadien, und die lassen sich nur schwer unterscheiden (Einzelheiten über komplexe Genwirkungen in der Entwicklung finden sich bei Jablonka und Lamb 1995). Was sich später in Entwicklung und Verhalten des Organismus abspielt, gibt Anlaß zu weiteren kontextspezifischen Einflüssen, so daß sich der eigentliche Effekt des ausgeschalteten Gens unter Umständen am Ende kaum noch dingfest machen läßt. Die Pleiotropie – das Phänomen, daß ein Gen mehrere

Wirkungen hat – und die Epistase, bei der mehrere Gene zu einem einzigen phänotypischen Effekt beitragen, sind wohlbekannte Aspekte der genetischen Komplexität. Aber die »fehlgeschlagenen« Knockout-Experimente deuten offensichtlich auf eine andere Form der Komplexität hin: Hier geht es nicht nur um die *Existenz* mehrerer kausal wirksamer Komponenten, sondern auch um ihre komplexe *Organisation*. In solchen Fällen hat man es mit Redundanz, Degeneration oder Robustheit zu tun.

Redundanz liegt vor, wenn nach dem Ausschalten eines Gens andere Elemente der gleichen Struktur aktiviert werden. Dies entspricht dem »Sicherheitssystem« der Technik. Schaltet man in einem Knockout-Experiment nur eine von mehreren redundanten Kopien der Gene aus, die ein bestimmtes Protein codieren, bleibt der Phänotyp erhalten (Wagner 2005, Kapitel 15). Redundanz kommt in biologischen Systemen vor, aber ihre Entstehung in der Evolution stellt ein gewisses Rätsel dar. Eine funktionsfähige Komponente mit sich herumzuschleppen ist mit Aufwand verbunden, und diesem Aufwand steht kein Anpassungsvorteil gegenüber, wenn das Element nicht zumindest hin und wieder gebraucht wird. Dennoch wurden Szenarien entworfen, in denen Redundanz mit mehreren Exemplaren eines Elements in der Evolution entstehen kann (Nowak u. a. 1977).

Ein wenig anders verhält es sich mit der Robustheit oder »Degeneriertheit« eines Systems, wie sie von Edelman und Gally (2001) definiert wurde. Wird in solchen Fällen ein Gen ausgeschaltet, reagieren Elemente *anderer* Strukturen flexibel und stellen eine ähnliche Funktion bereit. Komponenten und Strukturen mit eigenen Funktionen, beispielsweise andere Gene eines genetischen Regulationsnetzwerks oder andere Proteine einer zelleigenen Signalübertragungskaskade, erzeugen den gleichen Effekt wie die Komponenten, die in ihrer Funktion beeinträchtigt sind. Andreas Wagner bezeichnet dies als dezentrale Robustheit und belegt mit einer Reihe von Beispielen, daß diese gegenüber der Mehrfachredundanz in biologischen Systemen ein Übergewicht hat (Wagner 2005). Außerdem erläutert er mit schlüssigen Argumenten, wie und warum sich in der Evolution komplexer biologischer Systeme eine Robustheit gegenüber Mutationen entwickelt; allerdings räumt er ein: »Möglicherweise gibt es für die Evolution der Robustheit keine grundlegende Theorie, wenn eine solche Theorie die unterschiedliche Architektur biologischer Systeme berücksichtigen müßte« (Wagner 2005, S. 268; siehe auch Ciliberti u. a. 2007). Robustheit oder Degeneriertheit konnte man auf 22 verschiedenen Ebenen biologischer Systeme nachweisen, so unter anderem bei Proteinfaltung, Biosynthese- und Katalysereaktionen, Immunantwort, neuronalen Schaltkreisen und Sinneswahrnehmung (Edelman und Gally 2001). Ein anderer Biologe schrieb:

»Durch die Eigenschaft der Robustheit kann ein System seine Funktionen trotz innerer und äußerer Beeinträchtigungen aufrechterhalten. Sie gehört zu den grundlegenden, überall zu beobachtenden Phänomenen auf Systemebene, die man nicht verstehen kann, wenn man die Einzelbestandteile betrachtet. Ein System muß robust sein, damit es in einer nicht vorhersagbaren Umwelt mit unzuverlässigen Komponenten funktioniert.« (Kitano 2004, S. 826)

Wenn der Phänotyp sich nicht ändert, obwohl alle redundanten Exemplare einer einzigen genetischen Komponente ausgeschaltet wurden, kann das bedeuten, daß das Netzwerk sich neu organisiert und den Verlust des Gens wettgemacht hat. In diesem Fall reagieren Teile des Netzwerks, die man im Normalzustand durch eine bestimmte Gruppe von Funktionsbeziehungen beschreiben würde, auf den experimentellen

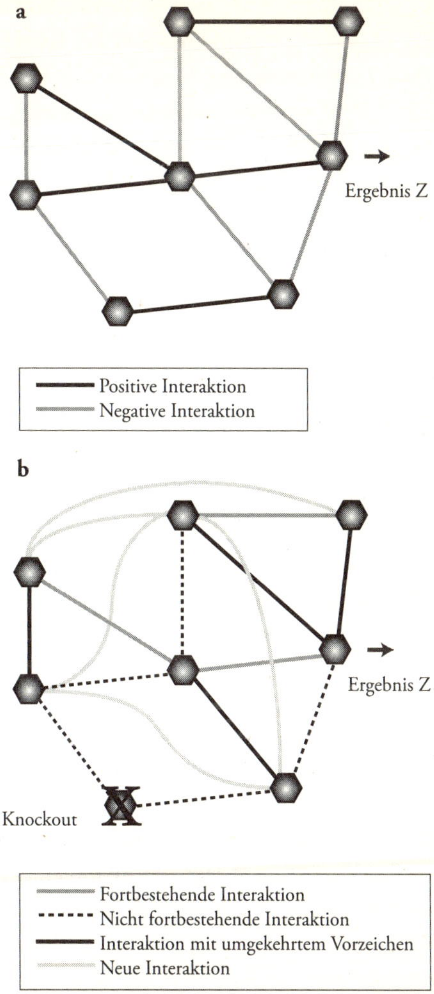

Abbildung 2 Nature Reviews | Genetics

Eingriff und verändern ihre Wechselbeziehungen so, daß das Ergebnis dem des unbeeinflußten Systems ähnelt. Die Knoten des normalen Netzwerks sind in der veränderten Form andere Verbindungen eingegangen und liefern nach wie vor das gleiche Ergebnis. Ein Modell, wie so etwas aussehen könnte, stammt von Ralph Greenspan (siehe Abbildung 2). Er belegte auch mit experimentellen Arbeiten, daß die Neuorganisation genetischer Netzwerke tatsächlich stattfindet (van Swinderen und Greenspan 2005).

Robustheit scheint ein allgegenwärtiges, wichtiges Merkmal biologischer Systeme zu sein. Sie versetzt evolutionär entstandene komplexe Systeme wie Lebewesen und Ökosysteme in die Lage, angesichts wechselnder innerer und äußerer Umweltbedingungen zu überleben. Betrachten wir ein allgemein bekanntes Beispiel. Im Jahr 1999 beschrieb Alon bei einem vertrauten Modellorganismus, dem Bakterium *E. coli,* die Robustheit von Mechanismen, mit denen die Zellen mit Veränderungen in ihrer Umwelt zurechtkommen. *E. coli* wird von bestimmten chemischen Substanzen in seiner Umwelt angelockt und von anderen abgestoßen. Die Ursache dieses Phänomens, das man als Chemotaxis bezeichnet, sind Netzwerke von Signalübertragungsproteinen: Chemische Rezeptoren auf der Oberfläche der Bakterienzelle verändern durch ihr Wechselspiel mit Faktoren im Zellinneren die Häufigkeit der Taumelbewegungen, durch die das Bakterium immer wieder von einem direkten Weg abweicht. Trifft die *E.-coli*-Zelle auf eine anziehende Substanz, behält sie die Richtung bei und taumelt nicht in andere, weniger angenehme Bereiche. Verändert sich die Umwelt dagegen so, daß nun eine abstoßende Substanz vorhanden ist, verstärkt das Bakterium seine Taumelbewegung und entfernt sich davon. Wie man in wissenschaftlichen Untersuchungen nachweisen konnte, ist diese Fähigkeit der Bakterien, sich an ihrer chemischen Umwelt zu orientieren, robust gegenüber Veränderungen der Proteinbestandteile des Netzwerks im Zellinneren, das auf Grund der chemischen Informationen aus der Umgebung die Flagellenbewegung steuert, mit deren Hilfe die Bakterien schwimmen oder taumeln. Dieses Netzwerk funktioniert nicht wie eine fein abgestimmte Maschine, in der jedes Teil eine bestimmte Aufgabe erfüllt und in Ordnung sein muß, damit das Ganze arbeiten kann, sondern es behält seine Orientierungsfunktion auch dann noch bei, wenn sich entscheidende Proteine durch Mutationen verändern oder in abweichenden Konzentrationen vorliegen. Die Fähigkeit von *E. coli*, sich durch Verstärkung oder Abschwächung des Taumelverhaltens auf die Umwelt einzustellen, wird also durch ein robustes biochemisches Netzwerk im Inneren der Zellen gesteuert (siehe auch Barkai und Leibler 1997, und Stelling u. a. 2004).

Robustheit kennzeichnet sowohl Mechanismen, die flexible Verhaltensweisen wie die Chemotaxis erzeugen, als auch solche, durch die bestimmte Eigenschaften konstant bleiben. Letztere sorgen für die Homöostase, beispielsweise indem sie beim Menschen durch Schwitzen oder Zittern für eine gleichbleibende Körpertemperatur sorgen. Daß komplexe biologische Systeme gegenüber Veränderungen der inneren und äußeren Verhältnisse robust sind, weiß man schon seit langem. Aber die Wege, auf denen diese Systemeigenschaft entsteht und auf denen wir die Mechanismen der Robustheit experimentell untersuchen können, stellen die einfachen Vorstellungen von Ursache und Wirkung in Frage.

Vor allem stellt sich die Frage, welche Art von Stabilität man von Ursachen verlangen sollte. Ist es die einfache Stabilität nach dem Prinzip »gleiche Ursache, gleiche Wirkung«, die sich aus Mills Methoden ergibt? Kann man eine solche Stabilität insbesondere dann verlangen, wenn in einem Netzwerk mehrere Ursachen zusammenwirken – kann man fordern, daß sie sich trennen lassen, wenn sie komplexe Wirkungen hervorrufen? Die verwirrenden Ergebnisse mancher Knockout-Experimente machen deutlich, wie notwendig es ist, die eigenartige Komplexität dynamisch reagierender, in einem reichhaltigen Zusammenhang eingebetteter Kausalnetzwerke angemessen darzustellen und zu analysieren. In solchen Fällen ist es nicht einfach, lineare Kausalzusammenhänge herauszuarbeiten, indem man sie von den Auswirkungen des Zusammenhanges abschirmt. Die traditionelle Vorgehensweise, bei der man komplexe Systeme in einfache Einzelursachen zerlegt und dann analytisch wieder zusammensetzt, läßt sich in Fällen von Robustheit nicht ohne weiteres anwenden. In diesem Bereich der Wissenschaft kann man Mills Methode nicht nach Art eines Algorithmus nutzen, weil die Kausalfunktion eines Bestandteils auf komplizierte Weise vom Zusammenhang abhängt.

Kehren wir nun zu den philosophischen Annahmen über die Kausalität zurück. Welche Anforderungen stellen wir an eine Ursache-Wirkungs-Beziehung, die sich in einem breiten Spektrum verschiedener Zusammenhänge anwenden läßt, so daß wir damit die Folgen eines Ereignisses voraussagen können, bevor es sich abspielt, oder um mit ihrer Hilfe die Beobachtungen aus Labor- oder Freilanduntersuchungen zu erklären? Die Regelmäßigkeit der Verknüpfung, die Fähigkeit, die gleiche Kraft in allen Zusammenhängen beizusteuern, die Universalität der Funktionsbeziehung zwischen Ursache und Wirkung, die natürliche Notwendigkeit, daß die Wirkung auf die Ursache folgt – all dies wurde irgendwann einmal als der entscheidende Faktor genannt, der dafür sorgt, daß die Kausalbeziehung zwischen Variablen in einer Situation auch Erklärungen oder Voraussagen in einer anderen ermöglicht. Eine enge Verbindung zwischen Ursache und Wirkung führt zwar dazu, daß Informationen über Kausalbeziehungen den größtmöglichen Nutzen bringen, und deshalb sollte man sie anstreben; aber wie ich zuvor erläutert habe, spricht man mit der Forderung, ausschließlich Erklärungen durch universelle, ausnahmslos gültige Regeln zuzulassen, großen Teilen der Biologie ihre erklärenden Fähigkeiten ab. Die Praxis des biologischen Erkenntnisgewinns wird durch weniger strenge Anforderungen an kausale Erklärungen besser erfaßt.

Eine interventionistische Beschreibung kausaler Erklärungen, wie sie von James Woodward (2003) entwickelt wurde, ist eine raffiniertere intellektuelle Fortführung von Mills Methoden: Im Mittelpunkt steht die Zerlegung einer Ursache mit dem Ziel, den beobachtbaren »Unterschied« zu erzeugen. Nach Woodwards Beschreibung setzen Kausalität und Erklärung keine Allgemeingültigkeit voraus, sondern nur die Gleichförmigkeit oder Stabilität der Kausalbeziehung in verschiedenen, nicht aber unbedingt allen Zusammenhängen. Eine solche Sichtweise paßt gut zu der von mir zuvor bereits vertretenen Beschreibung von Gesetzen. Unveränderlichkeit ist eine *Eigenschaft* der Beziehung zwischen Ursache und Wirkung oder der unabhängigen und abhängigen Variablen in einer Funktion der Form »F(X,Y)«. Eine derartige Funktion ist beispielsweise Newtons Gravitationsgesetz $F=Gm_1m_2/r^2$. Die Kraft ist abhängig von der Masse und dem Abstand der beiden Körper. Unveränderlich ist eine Funktion, wenn sie bei bestimmten »idealen Eingriffen« und einer Veränderung des Wertes von X den daraus folgenden Wert von Y zutreffend beschreibt. X erklärt Y also innerhalb des Spektrums, in dem die Funktionsbeziehung sich bei Eingriffen nicht verändert. Grundsätzlich bedeutet das: Wenn man mit X »herumspielt« und sich ansonsten nichts ändert, »spielt« Y auf regelmäßige, festgelegte Weise, die sich unter Funktionsgesichtspunkten beschreiben läßt. Bei einer Änderung des Abstandes ändert sich auch die Kraft in der von der Funktion vorgegebenen Weise. Wenn dies zutrifft, werden die Veränderungen von Y nach Woodwards Definition von X verursacht, und X erklärt, warum sich Y ändert.

Damit X nach Woodwards Definition eine Ursache ist, muß die Beziehung nicht universell und ohne Ausnahme gültig sein. Sie braucht nur innerhalb eines bestimmten Bereiches für die Werte von X zu gelten. Gibt man die Forderung nach Universalität auf, wird eine abgestufte Unveränderlichkeit möglich. Woodward läßt zu, daß manche Kausalbeziehungen unveränderlicher sind als andere. Betrachten wir beispielsweise einmal die Maxwell-Gleichungen, die die Existenz und die Eigenschaften elektromagnetischer Strahlung erklären. Nach Maxwells Theorie wird Licht von beschleunigten elektrischen Ladungen ausgesandt, das heißt von den Elektronen, die einen Atomkern umkreisen. Die Gleichungen versagen aber, wenn man das Elektron des Bohrschen Atommodells zugrunde legt. Die Elektronen dieses Modells, die beschleunigt werden, indem sie auf ihrer Kreisbahn um den Atomkern ständig ihre Richtung ändern, würden nach Maxwells Theorie Licht aussenden und dabei ständig Energie verlieren. Deshalb würden sie sehr schnell in den Atomkern stürzen und die Atome instabil machen. Das geschieht aber nicht, und Bohr postulierte denn auch »stationäre Zustände« für die Elektronen, die dann eine Ausnahme von den Maxwell-Gleichungen darstellen. Maxwells Theorie ist also in weiten Bereichen unveränderlich, aber sie ist nicht universell gültig, denn sie liefert keine Beschreibung für das Verhalten der

Elektronen in Bohrs Atommodell. Andere Gesetze zeigen Unveränderlichkeit in anderem Ausmaß. Ein Beispiel sind die Gleichungen, die den Zusammenhang zwischen Volumen, Temperatur und Druck von Gasen beschreiben: PV=nRT (wobei P der Druck, V das Volumen und T die Temperatur ist. R ist eine universelle Konstante, und n ist die Molzahl, die Stoffmenge). Das Verhalten tatsächlicher Gase stimmt bei normalen Druck- und Temperaturverhältnissen in der Regel bis auf ± 5 Prozent mit den Voraussagen der Gleichung, die für ein ideales Gas gelten, überein. Bei sehr niedrigen Temperaturen oder hohem Druck sind die Abweichungen bei realen Gasen stärker. Das Ohmsche Gesetz, mit dessen Hilfe die Elektroingenieure Tag für Tag den Zusammenhang zwischen Spannung und Stromstärke berechnen, gilt, wie man schon seit langem weiß, nicht für Halbleitermaterialien oder Situationen mit starken elektrischen Feldern. Biologische Gesetze wie das Mendelsche Gesetz der Segregation genetischer Faktoren bei der Keimzellentstehung sind sicher noch weniger unveränderlich, das heißt, sie werden in noch mehr Fällen versagen. Als Konzept für einen Kausalzusammenhang ist die Unveränderlichkeit bei Eingriffen oder die Stabilität unter bestimmten Bedingungen den Kausalbeziehungen der Biologie sicherlich näher als die universellen, ausnahmslos gültigen Gesetze der traditionellen Erkenntnistheorie.

Manche Aspekte von Woodwards Beschreibung kausaler Erklärungen lassen sich allerdings nur schwer mit der neueren Komplexitätsforschung in Einklang bringen. Zum Teil haben die Probleme mit seinem Begriff der »Modularität« zu tun, die er als weitere Eigenschaft echter Ursachen nennt. Modularität gilt für Kausalfunktionen und drückt sich in komplexen Kausalzusammenhängen aus, in denen mehrere Kausalfunktionen gleichzeitig wirksam sind. Modularität bedeutet, daß man die verschiedenen kausalen Beiträge, die zu einem Gesamteffekt führen, voneinander trennen kann. In einfachen Fällen ist die Bedingung der Modularität in der Regel erfüllt. Greifen zwei Newtonsche Kräfte, beispielsweise Gravitation und Reibung, an demselben Körper an, lassen sich ihre beiden Wirkungen ohne weiteres trennen. Man kann einen Aspekt der entstehenden Bewegung auf die Reibung und einen anderen auf die Gravitation zurückführen. Gäbe es die Reibung nicht, bliebe der Effekt der Gravitation dennoch unverändert und umgekehrt. Den Gesamteffekt stellen wir fest, indem wir mit der Vektorsumme der Kräfte voraussagen, welche Bewegung sich durch ihr gleichzeitiges Wirken ergibt. In seinen Aufsätzen über Kausalität vertrat Woodward die Ansicht, Modularität sei wie die Unveränderlichkeit unverzichtbar dafür, daß eine Funktionsbeziehung auch eine Kausalbeziehung ist.

»Dies ergibt sich aus der Art, wie Menschen über Kausalität denken ... Eine solche Unabhängigkeit ist für den Kausalitätsbegriff unentbehrlich. Kausalität ist mit Manipulierbarkeit verbunden, und zu dieser Verbindung gehört es, daß getrennte Mechanismen prinzipiell eigenständig zerlegbar sind.« (Hausman und Woodward 1999, S. 550; Hervorhebung von der Autorin)

Demnach kann man echte Ursachen auch in komplexen Fällen voneinander trennen, und der Gesamteffekt läßt sich dann als eine Art gut definierte Mischung der Einzelursachen ausdrücken. Außerdem ergibt sich für Woodward aus der Modularität die Folge, daß man in einen komplexen Fall eingreifen und die Kausalbeziehung untersuchen kann, ohne damit auch die anderen, gleichzeitig wirkenden Ursachen zu beeinflussen. Sie sind »zerlegbar«, um Woodwards Begriff zu benutzen. Modularität ist also nicht nur ein definierendes Merkmal echter Ursachen, sondern sie definiert auch, wie man als Wissenschaftler Kausalbeziehungen untersuchen kann: Jeder Kausalfaktor läßt sich einzeln studieren.

Da das Verhalten komplexer biologischer Systeme von mehreren Ursachen abhängt, ist die Frage, ob sie sich trennen lassen, völlig vernünftig. Sind alle Ursachen in biologischen Systemen »modular« im Sinne Woodwards? Die schwierige Frage lautet: Wie streng muß man die Anforderung der Modularität fassen, um in einem komplexen Netzwerk von Kausalbeziehungen einer Komponente Kausalität zuzuschreiben?

Um dieses Thema genauer zu untersuchen, wollen wir noch einmal zum Beispiel der »anormalen« Knockout-Experimente zurückkommen. Wie passen sie zu Woodwards Vorstellung von kausalen Begründungen? Ein degeneriertes oder robustes System, in dem ein genetisches Netzwerk sich nach dem Ausfall einer Komponente neu organisiert, ist offensichtlich nicht »eigenständig zerlegbar«: Ein Gen, das in dem Netzwerk unter normalen inneren Bedingungen einen kausalen Beitrag zum phänotypischen Effekt leistet, funktioniert auf einmal ganz anders, wenn man einen anderen Teil des Netzwerks entfernt (siehe Abbildung 2). Hier ist Woodwards Bedingung der Modularität also nicht erfüllt. Aber würde man aus der Tatsache, daß die genetische Struktur nicht eigenständig zerlegbar ist, den Schluß ziehen wollen, das ausgeschaltete Gen habe nicht ursächlich zum Phänotyp des normalen Lebewesens beigetragen? Natürlich nicht. Manche veränderlichen Kausalbeziehungen mögen in diesem strengen Sinn modular sein, bei anderen ist das aber offensichtlich nicht der Fall, und doch würde man nach meiner Überzeugung behaupten, daß sie kausal sind und einen Erklärungswert haben. Oder, wie Greespan es formulierte:

»Die wachsende Zahl … identifizierter Gene schafft Interpretationsprobleme: Beispielsweise stellt sich die Frage, welche

Gene am wichtigsten sind und welche Zusammenhänge zwischen ihnen bestehen ... Eine nicht geringe Schwierigkeit liegt im schwindenden Wert der Analogie zu Reaktionswegen. Die immer komplexeren Wechselbeziehungen zwischen den Genen stellt man sich besser nicht als lineare Wege vor, sondern als dezentrales Netzwerk. Manche Gene richten in mutierter Form mehr Schaden an als andere, aber das hängt stark vom Zusammenhang der anderen jeweils vorhandenen Allele ab, und deshalb lassen sie sich kaum in einer einfachen Rangfolge ihrer Wichtigkeit anordnen. Die Wechselbeziehungen, anhand deren man verschiedene Reaktionswege definiert hat, sind nicht falsch, aber auch nicht umfassend. Sie sind nur ein Teil eines viel größeren Bildes.« (Greenspan 2001, S. 384)

Wie lösen wir das Problem, daß auf der einen Seite die Forderung nach Modularität oder eigenständigen, trennbaren Ursachen steht und auf der anderen die Tatsache, daß Netzwerke sich neu organisieren können und nicht modular sind? Auf diese Frage gibt es nach meiner Überzeugung drei mögliche Antworten:

1. Wir können den Schluß ziehen, daß die Gene der normalen genetischen Abläufe *keine* Ursachen darstellen, weil sie die Bedingung der Modularität nicht erfüllen. Das ist eine Strategie nach dem Motto »In den sauren Apfel beißen«: Wenn eine naturwissenschaftliche Entdeckung die Kriterien unserer philosophischen Auffassung nicht erfüllt, halten wir an der Auffassung fest und leugnen die Entdeckung. Eine solche Vorgehensweise kann ich nicht empfehlen.
2. Wir können das Netzwerk in einem feineren oder gröberen Raster beschreiben und auf diese Weise versuchen, die Bedingung der Modularität oder Eigenständigkeit zu erfüllen. Diese Strategie nach dem Motto »Biege dir die Welt zurecht,

damit sie zu deiner Theorie paßt« ist eine abgewandelte Version der Saure-Apfel-Strategie: Man gibt die Dinge mit einer veränderten Beschreibung wieder und versucht so, die philosophische Auffassung zu retten. Damit nimmt man die naturwissenschaftliche Entdeckung zumindest ernst und versucht, die Ergebnisse so hinzubiegen, daß sie beidem gerecht werden. Diese Strategie hat einen gewissen Reiz, aber wie ich noch genauer darlegen werde, liefert sie kein einheitliches Raster, mit dem wir alle Verhaltensweisen von Systemen eines bestimmten Typs analysieren könnten.

3. Wir können den Schluß ziehen, daß die Forderung nach Modularität nicht alle in der Natur vorkommenden Formen der Kausalität erfaßt. Diese pragmatische, pluralistisch-integrative Strategie werde ich vertreten.

Warum ist die Strategie des »In-den-sauren-Apfel-Beißens« nicht wünschenswert? Wenn man sagt, ein ausgeschaltetes Gen sei im Normalfall keine Ursache, weil andere Ursachen an seine Stelle treten und die Robustheit des Systems trotz innerer Störungen sichern können, läßt man die Tatsache außer acht, daß es häufig mehrere Wege gibt, die zu dem gleichen Ergebnis führen. Ein solches Kausalverhalten zeigen viele Systeme.

Um uns klarzumachen, warum das strenge Festhalten an der Modularität zu Verwirrung führt, können wir als Beispiel die Umorganisation des Gehirns betrachten. Seit den achtziger Jahren hat man an ausgewachsenen Säugetieren in einer ganzen Reihe von Experimenten untersucht, wie sich Verletzungen von Gehirnarealen oder Nerven auswirken, die bei Erwachsenen normalerweise Standardfunktionen wie Sprachfähigkeit oder Sinneswahrnehmung erfüllen. Wenn man Gehirngewebe oder ganze sensorische Regionen entfernt oder schädigt, organisiert sich das Gehirn um, so daß neue Gehirnabschnitte die Funktion des fehlenden Teils übernehmen. Ein aufschlußreiches Beispiel sind Ramachandrans Untersuchungen zum Thema Phantomgliedmaßen (Ramachandran 1993).

Wie kann ein Mensch nach einer Amputation noch Schmerzen oder andere Empfindungen in einem Körperteil spüren, der gar nicht mehr vorhanden ist? Vermutlich, so Ramachandran, werden Gehirnabschnitte in der Nähe jener Areale, die normalerweise von den Nerven einer Hand angeregt werden und diese Stimulation jetzt wegen der Amputation nicht mehr erhalten, im Sinne der Schmerzempfindung umgeordnet. Betroffen sind dabei unter anderem die Sinnesareale für Gesicht und Arm. Wenn dem Patienten dann beispielsweise Wasser ins Gesicht tropft, fühlt es sich für ihn an wie Wassertropfen auf der nicht mehr vorhandenen Hand, und bestimmte Stellen im Gesicht werden den einzelnen Fingern der amputierten Hand zugeordnet. Nach meiner Überzeugung haben wir es hier mit einem ähnlichen Fall zu tun wie bei den ausgeschalteten Genen: Ein normaler Teil eines Netzwerks – das Gen im Kausalnetzwerk von Genotyp und Phänotyp oder die sensorischen Nerven der Hand im Empfindungsnetzwerk von Arm und Gehirn – wird entfernt, und Strukturen, die zuvor andere Aufgaben erfüllt haben, übernehmen die Kausalfunktion des fehlenden Elements, so daß es auf anderen Wegen zu ähnlichen Effekten kommt. Aber auch wenn die Empfindungen der Hand jetzt mit dem Gehirnareal wahrgenommen werden, das normalerweise für die Empfindungen des Gesichts zuständig ist, kann ich mich nicht mit der Behauptung anfreunden, die an der Kausalstruktur der Hand normalerweise beteiligte Gehirnregion sei in Wirklichkeit nicht an den Ursachen der Schmerzen beteiligt. Wenn eine Umordnung stattfindet, spricht dies nicht dagegen, daß die fehlende Struktur im Normalfall eine kausale Rolle spielt, selbst wenn die komplexe Struktur wegen der Umordnung der Ursachen nicht mehr modular oder eigenständig zerlegbar ist.

Vielleicht kommen wir ja mit der Strategie »Die Welt entsprechend unserer Theorie zurechtbiegen« weiter. Vielleicht haben wir die Kausalstruktur nicht zutreffend beschrieben und nicht alle ihre Kausalbeziehungen erfaßt. Zu einer vollständigen Beschreibung gehören möglicherweise nicht nur die Ursachen, die in einem normal funktionierenden genetischen Netzwerk oder in Armnerven und Gehirn wirksam sind, sondern auch solche, die bei irgendeiner inneren oder äußeren Störung des Systems wirksam werden. Wenn es so ist, wäre der »Schaltplan« zwar kompliziert, man könnte ihn aber im Prinzip in seine Einzelteile zerlegen.

Mit dieser Lösung mißversteht man das Wesen der Erklärungen für Komplexitäten, wie man sie in der Biologie findet. Wie ich bereits angedeutet habe, zielen biologische Erklärungsversuche meist nicht auf alles, was vielleicht möglich ist, sondern auf die Dinge, die in der Evolution tatsächlich entstanden sind. Angesichts der Kontingenz von Form und Verhalten biologischer Objekte ist eine Beschreibung aller physikalisch und chemisch möglichen Wechselwirkungen nicht das eigentliche Ziel biologischer Erklärungen. Welche Regionen des Möglichkeitenraums müssen wiedergegeben werden, damit sich die vollständige Landkarte der Kausalitäten ergibt? Wenn die Antwort »alles« lautet, ist eine solche Strategie kognitiv unpraktikabel. Die tatsächlichen physikalischen und chemischen Strukturen bedeuten zwar eine Beschränkung für das, was in der Evolution hätte entstehen können, sie bestimmen aber nicht darüber, was in der Evolution tatsächlich entstanden ist. Dies ist vielmehr das Ergebnis einer kontingenten Entwicklungsgeschichte voller richtungsloser Zufälligkeit. Biologen suchen Erklärungen für den

Bereich der tatsächlich vorhandenen biologischen Formen und Verhaltensweisen, aber nicht für die Gesamtmenge der Kausalfunktionen, die für die größere Menge der biologisch möglichen Formen gelten. Gegenstand der Erklärung ist der einzelne Vorgang, durch den eine bestimmte Wirkung tatsächlich entstanden ist. Häufig kann ein bestimmter Effekt auf unterschiedlichen Wegen zustande kommen, und die Robustheit sorgt dafür, daß ein biologisches System, das aus seinem Normalzustand gerissen wird, etwas Ähnliches wie seine normale Funktion zurückgewinnen kann. Da das Verhalten einer Einzelkomponente eines komplexen genetischen Netzwerks vom Kontext abhängt, ist sie unter Umständen so empfindlich, daß man sie mit einfachen Untersuchungen, in denen man eine einzige Störung einführt, nicht nachweisen kann.

Aber vielleicht brauchen wir gar nicht alle möglichen Ursachen zu betrachten und wiederzugeben, um die Modularität unserer erklärenden Ursachen wiederherzustellen. Vielleicht ist das System als solches eine modulare Ursache, und es sind nicht die genetischen Abläufe, aus denen es sich zusammensetzt. Dann würde die Modularität in Woodwards Sinn eine Beschränkung für das Erkennen einer Ursache darstellen. Aber auch aus dieser Strategie ergeben sich seltsame Konsequenzen. Wenn wir uns auf modulare Funktionen beschränken, werden wir in vielen Fällen je nach dem speziellen Zusammenhang auf ganz unterschiedlichen Organisationsebenen arbeiten.

Modularität ist das Kennzeichen einer bestimmten Form der Unabhängigkeit vom Zusammenhang. Für eine bestimmte Komponente der beteiligten Mechanismen gilt immer die gleiche funktionelle Beziehung zwischen den Variablen, ganz gleich, ob sich eine andere Komponente verändert oder nicht. Der Gesamteffekt kann sich ändern, wenn verschiedene Komponenten dazu beitragen, aber die Wirkungsweise des modularen Mechanismus ändert sich nicht und verändert auch die Komponenten nicht. Wenn sich nicht nur der Gesamteffekt, sondern auch das Verhalten einer Komponente durch das Vorhandensein oder Fehlen anderer beteiligter Faktoren ändert, ist keine Modularität gegeben. In den Knockout-Experimenten, in denen zwischen normalen und gentechnisch veränderten Tieren kein Unterschied zu erkennen ist, sind die einzelnen genetischen Komponenten nicht modular, und deshalb kann man sie nicht als Ursache des normalen Phänotyps identifizieren. Aber wie steht es mit den erfolgreichen Knockout-Experimenten? In solchen Untersuchungen zeigte sich auf Grund einer einzigen Störung ein bedeutender kausaler Beitrag eines einzelnen Gens. Wenn wir uns also die zweite Strategie zu eigen machen und die Ursache dem Raster zuordnen, das die Bedingung der Modularität erfüllt, gibt es für die Analyse der kausalen Unveränderlichkeit nicht nur eine einzige richtige Organisationsebene, von der aus wir verallgemeinern und die Erkenntnisse auf andere Fälle übertragen können. Wenn die Ausschaltung eines einzigen Gens einen Effekt zeitigt und wenn das System gut angelegt ist, zeigt es Invarianz und Modularität, so daß die Ursachen relativ einfach zu erkennen sind. Das »Gen für« die Krankheit Phenylketonurie (PKU) kommt dieser Vorstellung sehr nahe: Wegen einer natürlich vorkommenden Doppelmutation an einer bestimmten Stelle auf dem menschlichen Chromosom Nummer 12 wird das Enzym Phenylalaninhydroxylase nicht mehr gebildet (siehe Ottman und Rao 1990). Im Normalzustand entsteht das Protein, im mutierten Zustand nicht. Hier liegt das Gen in dem Raster mit der richtigen Feinheit, so daß man ihm eine kausale Rolle zuordnen kann.

In robusten Netzwerken, die sich neu organisieren können,

führt die Ausschaltung eines einzelnen Gens nicht zu einem veränderten Phänotyp. Deshalb sind die Gene zwar manchmal, aber nicht immer die richtige Ebene für die Suche nach Modularität. Wenn ein System sich linear verhält, kann man nach Wagners Ansicht immer eine Darstellungsform finden, in der die Wirkungen der Komponenten vom Zusammenhang der anderen Variablen unabhängig werden (Wagner 1999). Ist das System aber – wie sehr oft in der Biologie – nicht linear, »muß man unter Umständen den Zustand des gesamten Systems mit allen seinen Zustandsvariablen kennen, um Voraussagen machen zu können« (Wagner 1999, S. 99). Bci jedem physikalischen System, das komplexe Rückkopplungsmechanismen umfaßt, können wir damit rechnen, daß keine Modularität gegeben ist. Aber deshalb sollten wir nicht den Schluß ziehen, daß solche Systeme keine echten Ursachen beinhalten.

Wie ich bereits dargelegt habe, werfen manche Formen der komplexen Organisation und Dynamik sogar für Woodwards weitergefaßten kausalen Erklärungsansatz Probleme auf. Insbesondere wenn ein System im Sinn von Bechtel und Richardson integrativ zusammengesetzt ist (1993), das heißt, wenn die kausalen Eigenschaften der Teile selbst nicht linear vom gesamten Netzwerk abhängig sind, ist die Bedingung der Modularität oder eigenständigen Zerlegbarkeit nicht erfüllt. Legt man den Begriff der Modularität streng aus – nämlich als Definition dafür, welche Voraussetzungen eine Komponente erfüllen muß, damit sie einen kausalen Beitrag zum Verhalten des Systems leisten kann –, bleibt die unangenehme Schlußfolgerung, daß eine Komponente in einem ungestörten System eine kausale Rolle erfüllen kann, während sie die Stellung als Ursache verliert, wenn das System sich nach einer Störung neu organisiert. Ein Ausweg aus dieser Situation besteht darin, daß man die Charakterisierung der Ursachen durch Modularität einschränkt und dabei in Kauf nimmt, daß die richtige Organisationsebene für die Suche nach kausalen Erklärungen selbst vom Zusammenhang abhängt.

Zu bevorzugen ist jedoch eine pragmatische Alternative: Danach haben manche kausalen Systeme das Merkmal der Modularität, aber nicht notwendigerweise alle. Natürlich vereinfacht Modularität die Entdeckung von Kausalstrukturen, denn dann kann man in kontrollierten Experimenten einzelne Komponenten ausschalten und so deren kausalen Beitrag feststellen. Man kann einzelne Kausalketten, die gemeinsam ein größeres kausales Netzwerk bilden, isoliert von allen anderen untersuchen, und sie werden immer den gleichen Beitrag leisten, ganz gleich, welche anderen kausalen Faktoren in diesem oder jenem System noch ins Spiel kommen. Aber so sauber geordnet sind nicht alle Kausalstrukturen. Manche komplexen Strukturen beinhalten nichtmodulare, kontextabhängige Ursachen, mit denen sich ihr Verhalten erklären läßt. Methodisch hat das Fehlen der Modularität weitreichende Folgen. Um die wissenschaftliche Erkenntnis voranzubringen, muß man in solchen Fällen Verfahren zur Analyse komplexer Netzwerke anwenden. Zu diesem Zweck setzt man Methoden und Netzwerkanalysen mit mehreren Variablen ein. Die Untersuchung mehrerer Szenarien an Stelle abgeschirmter, auf einzelne Komponenten abzielender Experimente kann sich für das Verständnis kontextabhängiger Kausalstrukturen als zielführender erweisen. Unter anderem werden Knockout-Experimente paarweise angelegt, weil man dann feststellen kann, welche Knoten des kausalen Netzwerks wie zusammenwirken und wo diese Interaktionen in der Entwicklung des Organismus ihren Ausdruck finden (Solloway und Robertson 1999). Zusätzlich könnte ein Verfahren der »multifaktoriellen Störung«, bei dem »Genvarianten und Umweltfaktoren in vielen Kombinationen vorliegen« (Jansen 2003), dazu beitragen, die Struktur redundanter, robuster Netzwerke aufzuklären. Die Analyse der Struktur interagierender Gene wirft schwerwiegende Probleme auf. Ein Mensch besitzt etwa 30 000 Gene; geht man davon aus, daß jedes davon nur in zwei Zuständen vorliegt, sind 2^{30000} verschiedene Zustände mehrerer Gene möglich. Durch Untersuchung aller Zustandskombinationen im Genom herauszufinden, welche Kombinationen sich auf den Phänotyp auswirken, ist also nicht praktikabel. Neuere Entwicklungen dienen dem Ziel, diese Komplexität in den Griff zu bekommen. Unter anderem entwickelt man aus statistischen Befunden, die durch Analyse von Mikroarrays gewonnen wurden, Modelle für die Gleichsetzung von Strukturen. Die dazu verwendeten Verfahren testet man an Simulationen, in denen man die tatsächliche Struktur kennt, und wenn sie sich dort als leistungsfähig erweisen, kann man mit gutem Grund auch Vertrauen in die aus experimentellen Daten gewonnenen Modelle von Netzwerken setzen.

Um den Anforderungen bei der Beschreibung komplexer Netzwerke gerecht zu werden, entwickelt sich derzeit das neue Fachgebiet der »Systembiologie«, das Simulationen mit experimentellen Befunden und statistischen Analysen zusammenführt (Sauer u. a. 2007). Man bedient sich dabei eines nichtreduzierenden Ansatzes und untersucht das Gesamtsystem, insbesondere seine emergenten Eigenschaften, die man bei Einzelbetrachtung der Komponenten nicht voraussagen könnte. Zahlreiche Variablen werden in unterschiedlichen Zusammenhängen gleichzeitig analysiert, damit man das Gesamtsystem mit seiner dynamischen Struktur, die letztlich die zu erklärenden Eigenschaften verursacht, verstehen kann. »Mit der reduktionistischen Methode ist es gelungen, die meisten Komponenten und viele Wechselbeziehungen zu identifizieren, aber leider bietet sie keine überzeugenden Konzepte und Methoden, mit denen man verstehen könnte, wie daraus die Eigenschaften des Systems erwachsen.« (Sauer u. a. 2007, S. 550) Ein Beispiel für diesen neuen Ansatz zum Verständnis der biologischen Komplexität bietet eine neuere Untersuchung von Ishii u. a. (2007) über *E. coli*. Die Autoren untersuchten 24 mutierte Stämme von *E. coli*, in denen sie jeweils ein anderes am Kohlenstoffstoffwechsel beteiligtes Gen entfernt hatten. Dabei betrachteten sie in den Bakterien die drei Organisationsebenen von Gen, Protein und Stoffwechselprodukten, das heißt die Produkte des Kohlenstoffstoffwechselsystems. Wie sie dabei feststellten, ändert sich die Stoffwechselrate für das Wachstum in Abhängigkeit von den Umweltbedingungen, aber gegenüber Veränderungen auf der genetischen Ebene ist sie robust. In Knockout-Experimenten mit einzelnen Genen würde sich dagegen bei den Stoffwechselprodukten keine Veränderung zeigen, und damit bliebe die Frage nach ihrer Kausalfunktion unbeantwortet. Die Betrachtung vieler Ebenen und Komponenten komplexer Strukturen wird zu einer neuen Methode zum Verständnis der Welt, in der wir leben.

Die Philosophie muß sich mit Vorstellungen davon, was als Ursache zählt und welcher Logik man bei kausalen Schlüssen folgt, auf die neuen Entwicklungen der Komplexitätsforschung einstellen. In Mills Methoden fanden Rückkopplungsschleifen und historische Unwägbarkeiten, die zur Struktur komplexer Systeme gehören, keine Berücksichtigung. Wenn man Kenntnisse über die Kausalstruktur unserer Welt gewinnen will, gibt es keine einzelne »wissenschaftliche Methode«, denn die durch Evolution entstandenen, kontingenten Systeme, aus denen die Natur besteht, beinhalten unterschiedliche Formen der Kausalität. Es muß eine Vielzahl wissenschaftlicher Vorgehensweisen geben (und es gibt sie auch tatsächlich), die im Zusammenhang mit den untersuchten Kausalverhältnissen ein breiteres Spektrum der Möglichkeiten abdecken.

Handeln in einer komplexen Welt

Der vielleicht wichtigste Bereich unseres Denkens, in dem ein besseres Verständnis für Komplexität zu Umwälzungen führen kann, ist die Entscheidungsfindung und Strategieentwicklung. Sowohl bei individuellen Entscheidungen als auch im gesellschaftlich-politischen Umfeld betrachten wir die Folgen unserer beabsichtigten Handlungen zusammen mit den an sie geknüpften Werten und finden auf diese Weise heraus, welche Handlungen unseren Werten voraussichtlich am besten nützen werden. Politik- und Wirtschaftswissenschaftler, Logiker, Entscheidungstheoretiker und andere beschäftigen sich schon seit Jahrzehnten damit, die Entscheidungsprozesse der Menschen zu analysieren und in Modellen nachzubilden; solche Modelle werden häufig mit Hilfe der Wahrscheinlichkeitstheorie formuliert und in Form von Computerprogrammen automatisiert (Pratt u. a. 1995, von Wright 1963, Simon 1960, Rapoport 1989). Die so entstandenen Modelle und die damit verknüpften Empfehlungen für die Methodik der Entscheidungsfindung werden oft von Politikern und anderen Entscheidungsträgern genutzt. Eine einfache, leistungsfähige Formel, mit der man sich für effiziente Handlungen entscheiden könnte, wäre für die Menschheit von großem Vorteil. Aber leider stellen die Unsicherheiten in einer Welt der kontextabhängigen, dynamisch reagierenden Komplexität für verschiedene Aspekte der Standardmethoden, die von Experten für die Modellbildung und Vorbereitung von Entscheidungen entwickelt wurden, ein erhebliches Problem dar. Wenn wir kluge Entscheidungen treffen wollen, brauchen wir wahrscheinlich eine neue Betrachtungsweise für die Entscheidungsfindung und für politische Arrangements.

Die übliche politische Strategie folgt dem Prinzip »Voraussehen und Handeln«. Jede Entscheidung zieht zwei Komponenten in Betracht: zum einen das voraussichtliche Ergebnis der Handlungen und zum anderen die Werte, die wir mit diesem Ergebnis verknüpfen. Die Analyse dieser beiden Komponenten mündet in die Entscheidung, so oder so zu handeln. In vielen Fällen spielen für beide Aspekte einer Entscheidung komplexe Faktoren eine Rolle, die unsere derzeitigen Modelle und ihre Fähigkeit, uns als angemessene Richtschnur zu dienen, auf eine harte Probe stellen. In Lehrbüchern wird die Logik der Entscheidungsfindung am Beispiel sicherer Entscheidungen verdeutlicht, und dann werden die gleichen Überlegungen auf Fälle mit Risiken und Unsicherheiten übertragen (Jeffrey 1990). Wenn jede mögliche Handlung ein einziges sicheres Ergebnis nach sich zieht, beispielsweise wenn der Anbau von Mais den Ertrag X und der Anbau von Sojabohnen den Ertrag Y einbringt und wenn $X > Y$ ist – und wenn man dann noch voraussetzt, daß Menschen in einem Wirtschaftsunternehmen lieber mehr als weniger Geld verdienen, sollte man sich aus rationalen Gründen für den Anbau von Mais entscheiden. Natürlich sind solche Entscheidungen manchmal mit Komplikationen behaftet, beispielsweise wegen schwach ausgeprägter Vorlieben oder weil sich im weiteren Verlauf unterschiedliche Folgen und mehrere Entscheidungsmöglichkeiten ergeben. Aber neben den Konflikten und Komplexitäten auf der Werteseite der Gleichung bleibt auch die Tatsache, daß schon die Sicherheit im Hinblick auf das tatsächliche Ergebnis in unserer Welt so selten ist wie ein bunter Hund, *insbesondere* wenn es um Entscheidungen über zukünftige Zustände geht, die durch komplexe natürliche oder gesellschaftliche Prozesse beeinflußt werden.

Entscheidungen über Risiken erkennen an, daß es keine Sicherheit gibt. Die bisher entwickelten Modelle, die uns bei risikobehafteten Entscheidungen helfen sollen, bedienen sich verschiedener Formen einer Maximierungslogik, das heißt, ihre mathematische Darstellung soll uns helfen, unseren Werten mit unserem Handeln so gut wie möglich zu dienen, und zwar auch dann, wenn das Ergebnis nicht sicher ist. Wenn eine Handlung verschiedene Konsequenzen haben kann, beispielsweise weil der Getreideertrag vom Wetter und von den verfügbaren landwirtschaftlichen Arbeitskräften abhängt, wird den verschiedenen Folgen (hoher Ertrag, niedriger Ertrag) ein Wahrscheinlichkeitswert zugeordnet. Das gleiche gilt für Folgen, die sich aus unterschiedlichen Entscheidungen ergeben, beispielsweise aus dem Entschluß, Sojabohnen anzubauen. Statt jede untersuchte Handlung mit einem einzigen Ergebnis und einem einzigen Wert zu verbinden, betrachten wir alle Ergebnisse und die damit verknüpften Werte gemeinsam und messen sie als Voraussagewert. Der voraussichtliche Nutzen (oder in der Sprache der Wahrscheinlichkeitstheorie der »Erwartungswert«) einer Handlung ist die Summe der Werte möglicher Ergebnisse, die nach ihrer Wahrscheinlichkeit gewichtet werden. Wenn Sojabohnen bei unfreundlichem Wetter einen höheren Ertrag bringen und wenn für unfreundliches Wetter eine hohe Wahrscheinlichkeit besteht, ist der Erwartungswert für den Anbau von Sojabohnen höher als der für den Anbau von Mais, obwohl der Anbau von Mais in dem unwahrscheinlichen Fall, daß das Wetter gut ist und ausreichend billige Arbeitskräfte zur Verfügung stehen, besser wäre. Überlegungen über die Nutzung von Erwartungswerten bei der Entscheidungsfindung gibt es spätestens seit Keynes und Carnap (Keynes 1921, Carnap 1950).

Zur modellhaften Darstellung der mit den einzelnen Handlungen verbundenen Risiken ordnet man dem Spektrum der Folgen, die eine Handlung nach sich ziehen kann, quantitative Wahrscheinlichkeiten zu. Man konstruiert formale Entscheidungsfindungsmodelle, die etwas darüber aussagen sollen, welche Handlungen mit möglichst wenig Aufwand zu möglichst großem Nutzen führen. Solche Berechnungen zur Entscheidungsvorbereitung bilden den Stoff soziologischer Einführungsseminare, sie sind aber den Politikern auch häufig gesetzlich vorgeschrieben. Kosten-Nutzen-Analysen, in denen die Erwartungswerte für verschiedene Folgen einer geplanten Maßnahme berücksichtigt werden, sind in der Politik der Vereinigten Staaten seit 1981 allgemein üblich. Damals legte die Reagan-Regierung mit ihrer Durchführungsverordnung Nummer 12291 fest: »Gesetzgeberische Maßnahmen sind nur dann zu ergreifen, wenn der potentielle Nutzen einer Vorschrift für die Gesellschaft gegenüber den potentiellen Kosten für die Gesellschaft überwiegt ... und die Ziele der Gesetzgebung sind so zu wählen, daß der Nutzen für die Gesellschaft insgesamt so groß wie möglich wird.« Noch klarer wird dic Kosten-Nutzen-Analyse im *Ecological Benefits Assessment Strategic Plan* definiert, einer im Oktober 2006 erschienenen Veröffentlichung der US-Umweltschutzbehörde: »In der Kosten-Nutzen-Analyse schätzt man den Gesamtnutzen für die Gesellschaft ab, indem man den *erwarteten* Nutzen für diejenigen, die von einer Maßnahme profitieren, mit den *erwarteten* Kosten für diejenigen vergleicht, die nicht davon profitieren« (S. 3, Hervorhebung von der Autorin). Wenn man das Gesamtergebnis (Kosten und Nutzen) mit Erwartungswerten wiedergibt, um damit einzuschätzen, wie wünschenswert bestimmte politische Handlungsalternativen sind, muß man den verschiedenen Ergebnissen, die sich aus den einzelnen Handlungsmöglichkeiten ergeben, quantitative Wahrscheinlichkeiten zuordnen. Das Ziel besteht darin, auf ganz natürliche Weise zu einem Modell des »Voraussagens und Handelns« zu gelangen, mit dem sich alles mögliche verwalten läßt, von Volkswirtschaften über Großunternehmen bis zu Ökosystemen. Das Problem besteht darin, daß die herkömmlichen Modellbildungsverfahren davon abhängen, ob man Kosten und Nutzen eine Wahrscheinlichkeit zuordnen kann, und dies ist unter Bedingungen der Komplexität völlig unmöglich. Deshalb müssen wir nicht nur neu darüber nachdenken, wie wir die Unsicherheit in solchen Systemen in die Modelle integrieren, sondern wir müssen auch das Prinzip »Vorhersagen und Handeln« für unsere Interaktionen mit der Welt auf den Prüfstand stellen. Wenn man in einer komplexen Welt zu einem gewünschten Ergebnis gelangen will, muß man für effiziente Interaktionen mit dieser Welt auch komplexere Strategien entwickeln.

Das Ziel, die Politik auf Entscheidungen zu reduzieren, die mit Hilfe von Algorithmen im Hinblick auf maximalen Nutzen bei minimalen Kosten berechnet werden, stößt auf ein schwerwiegendes Hindernis, wenn wir die Komplexität der Welt so verstehen, wie ich es in diesem Buch vertreten habe. Nach übereinstimmender Ansicht aller Wissenschaftler sind das globale Wetter und die Biosphäre geradezu Musterbeispiele für »komplexe Systeme« in jenem Sinn des Begriffs »Komplexität«, der hier zuvor bereits erörtert wurde. In solchen Systemen eine Aussage über Wahrscheinlichkeiten zu machen und beispielsweise zu behaupten, die weltweite Durchschnittstemperatur werde ohne Reduzierung der Treibhausgase in den nächsten 100 Jahren um zehn Grad ansteigen oder die Einführung genetisch veränderter Nutzpflanzen werde sich auf die Zahl aussterbender wilder Arten auswirken, ist praktisch unmöglich. Daß es so schwierig ist, liegt an der großen Zahl von Variablen, die sich alle auf das Ergebnis auswirken; alle diese Beiträge muß man ebenso kennen und messen wie die Rolle weiterer, bisher noch nicht identifizierter Variablen und den Einfluß des Zufalls, das heißt jener Variablen, die völlig außerhalb des Systems liegen und sein Verhalten, das wir voraussagen wollen, dennoch beeinflussen. Was die Wahrscheinlichkeit der Ergebnisse angeht, besteht in komplexen Systemen eine umfassende, vielfältige und häufig nichtlineare Unsicherheit.

Das Modell des »Vorhersehens und Handelns« legt die Vermutung nahe, man könne die Wissensgrundlage für alle Entscheidungen verbreitern, indem man die Unsicherheit vermindert, bis man zwar vielleicht nicht zu Sicherheit, aber doch zu objektiven (oder allgemein anerkannten) Wahrscheinlichkeitszuordnungen gelangt. Wenn es um komplexe Systeme geht, dürfte es aber häufig unvernünftig sein, auf übereinstimmende Ansichten oder zuverlässige, quantitative Aussagen über die Wahrscheinlichkeit möglicher Ergebnisse zu warten. Unter Umständen wartet man dann so lange, daß es zum Handeln oder zur Vermeidung unerwünschter Folgen zu spät ist. Je nach Struktur und Komplexität eines Systems besteht sogar die Möglichkeit, daß mehr Kenntnisse die Unsicherheit überhaupt nicht vermindern. Walters (1997) legt dar, warum wir nicht davon ausgehen können, daß »zunehmende Details eines Modells (eine vollständigere Darstellung der räumlich-zeitlichen Ereignisstruktur) zu immer genaueren Voraussagen und/oder einem geringeren Risiko sehr schlechter Voraussagen führt«. Dies liegt unter anderem daran, daß man der Struktur des Modells mit mehr Details auch mehr Parameter hinzufügt, »aber jeder dieser Parameter ist dann wahrscheinlich weniger gut durch Daten aus der Feldforschung abgesichert; eine solche ›Überfrachtung mit Parametern‹ kann den Voraussagewert eines mechanistischen Modells vermindern.« (Walters 1997, S. 1) Eine einfache Vermehrung unserer Kenntnisse über die Zahl der Faktoren, die sich auf das Verhalten eines komplexen Systems auswirken, verringert nicht unbedingt die Unsicherheit. Ein besserer Leitfaden für die Entscheidungsfindung sind dann Alternativdarstellungen dessen, was man weiß und was man nicht weiß, sowie politische Strategien, die eine nicht zu beseitigende Unsicherheit berücksichtigen.

Wenn man die Komplexität zur Kenntnis nimmt, ergeben sich daraus zweierlei Folgerungen: Einerseits verändert sich die Darstellung von Entscheidungssituationen, und wir machen beispielsweise eine »Robustheit der Szenarienanalyse« (siehe unten) an Stelle eines maximalen Erwartungswertes zur Grundlage unserer Entscheidungen; und andererseits gehen wir mit Unsicherheitssystemen anders um. Im Naturschutz wird bereits eine anpassungsorientierte Bewirtschaftung praktiziert: Sie berücksichtigt nicht nur die Dynamik der komplexen Systeme, mit denen wir uns beschäftigen und deren Teil wir sind, sondern auch die Veränderungen in unseren Kenntnissen über solche Systeme. Eine Alles-oder-nichts-Politik, unwiderrufliche Entscheidungen und eine Klausel nach dem Motto »keine Experimente«, die eine Abwandlung früherer Entscheidungen verhindert, sind kein geeigneter Leitfaden für rationale Handlungen, die unseren Werten in einer komplexen Welt nützen.

Betrachten wir einmal, wie wahrscheinlich die schlimmsten denkbaren Folgen eines steigenden Kohlendioxidgehalts in der Atmosphäre, eines Verlusts der biologischen Vielfalt oder genetisch veränderter Lebensmittel in Landwirtschaft und Ernährung sind. Über die genaue quantitative Zuordnung der Wahrscheinlichkeit zu verschiedenen guten und schlechten Auswirkungen besteht wissenschaftlich offensichtlich keine Einigkeit. Nach einer 2007 veröffentlichten Schätzung des Weltklimarates IP-CC wird eine im Vergleich zur vorindustriellen Zeit verdoppelte Konzentration der Treibhausgase »wahrscheinlich« zu einer Erwärmung von 3 °C führen, wobei die Fehlerspanne von 2 bis 4,5 °C reicht. Das Projekt climateprediction.net will Klimamodelle testen, »um die Methoden zur quantitativen Erfassung der Unsicherheiten von Klimaprojektionen und -szenarien einschließlich langfristiger Simulationen mit komplexen Modellen zu verbessern« – ein Ziel, dem 2001 vom IPCC höchste Priorität zugebilligt wurde. Climateprediction.net schätzt den Temperaturanstieg an der Erdoberfläche, der durch eine Verdoppelung des CO_2-Gehalts entsteht, auf 2 bis über 11 °C. Wie wahrscheinlich sind die Extremwerte dieser Spannbreite und einzelne Werte dazwischen? Und, was für die Entscheidungsfindung noch wichtiger ist: Wie wahrscheinlich sind alle diese Ergebnisse angesichts verschiedener denkbarer Maßnahmen im Zusammenhang mit der CO_2-Produktion, vom Nichtstun bis zum völligen Eliminieren aller künstlichen CO_2-Quellen? Die IPCC nannte 2001 eine Wahrscheinlichkeit von 66 Prozent, daß die beobachtete Temperatursteigerung auf die Zunahme der Treibhausgaskonzentration zurückzuführen ist, im Bericht von 2007 dagegen war diese Wahrscheinlichkeit auf 90 Prozent gestiegen. In Wirklichkeit ist die wissenschaftliche Welt sich über die genauen Wahrscheinlichkeitswerte verschiedener denkbarer Folgen nicht einig, ja es besteht noch nicht einmal Einigkeit darüber, inwieweit wir über die Vorgänge, die solchen Wahrscheinlichkeitszuordnungen zugrunde liegen, überhaupt Bescheid wissen.

Die wissenschaftliche Zuverlässigkeit der Wahrscheinlichkeit verschiedener Folgen wandelt sich mit der Gewinnung neuer

Daten und der Entwicklung neuer Modelle. Daß sich die Unsicherheit nur schwer quantitativ in Form von Wahrscheinlichkeitswerten erfassen läßt, ist nicht verwunderlich: Die Modelle beinhalten zahlreiche Variablen, deren Auswirkungen schon bei geringfügig abweichenden Werten stark schwanken können und deren Dynamik stark durch Rückkopplung geprägt wird (siehe Allen u. a. 2000). Ist es die richtige Strategie, sich ausschließlich auf die Verringerung der Unsicherheit zu konzentrieren und dabei zu hoffen, daß man sich vor einer Handlung auf eine bestätigte, eindeutig bezifferbare Wahrscheinlichkeit für die Folgen dieser Handlungen einigen kann? Nach dem Ansatz des »Vorhersagens und Handelns« würde man diese Frage bejahen. Nach meiner Ansicht dagegen ist die Forderung, sich für die Variablen in einem komplexen System auf eine einzige, quantitative Wahrscheinlichkeitszuordnung zu einigen, in Wirklichkeit mit der Gefahr verbunden, daß jeder wissenschaftliche Beitrag zu politischen Entscheidungen ausgehebelt wird. Wie Yearly (1996) dargelegt hat, nutzen Politiker die Unsicherheit und die fehlende wissenschaftliche Übereinstimmung aus, um Reaktionen auf Umweltprobleme hinauszuschieben, und dabei besteht sogar die Möglichkeit, die Glaubwürdigkeit aller wissenschaftlichen Aussagen so stark in Zweifel zu ziehen, daß ein politisches Umfeld entsteht, in dem Beiträge der Wissenschaft völlig übergangen werden.

Tatsächlich repräsentieren einzelne Wahrscheinlichkeitszuordnungen nicht alle Kenntnisse, die in der wissenschaftlichen Welt vorhanden sind und bei denen im Hinblick auf die zukünftigen Zustände komplexer Systeme weitreichende Einigkeit besteht. Glücklicherweise gibt es auch andere Methoden zur Wiedergabe von Unsicherheiten in komplexen Systemen, und die sollten unsere Denkweise über politische Strategien verändern.

Robustheit in der Szenarienanalyse

Angesichts der Tatsache, daß sich die Unsicherheit im Zusammenhang mit Voraussagen über das Verhalten komplexer Systeme möglicherweise nie ganz beseitigen läßt, haben sich manche Autoren für einen ganz anderen Ansatz ausgesprochen (Popper u. a. 2006):

»Angesichts solch tiefgreifender Unsicherheiten versagen bewährte Methoden der Prognose und Entscheidungsfindung.

Traditionelle Verfahren konzentrieren sich auf bekannte Aspekte eines Problems und ignorieren den Rest ... Statt Unsicherheiten zu eliminieren, arbeiten wir sie in ganzer Breite heraus – und suchen dann nach Methoden, um sie zu kontrollieren.«

Wenn wir nicht wissen können, wie wahrscheinlich ein zukünftiger Zustand – sei es der Temperaturanstieg an der Erdoberfläche, die Inflationsrate oder die Zahl der aussterbenden Arten – sein wird, können wir uns verschiedene andere Haltungen zu eigen machen. Menschen gehen an unsichere Situationen unterschiedlich heran: Das Spektrum reicht vom Optimismus bis zum Pessimismus, von dem Gedanken, technische Neuerungen würden die Energiekrise überwinden helfen und die schlimmen Folgen der Erderwärmung abwenden, bis zu der Idee, es sei zu spät, um die Zerstörung unseres Planeten noch aufzuhalten, also vom *Best-Case-* bis zum *Worst-Case-*Szenario. Wenn wir wüßten, wie wahrscheinlich die erwünschten und unerwünschten Folgen verschiedener Handlungsweisen sind, könnten wir mit den Berechnungsmethoden, die für Risikoabwägungen entwikkelt wurden, eine begründete Entscheidung treffen. Sind die ermittelten Wahrscheinlichkeiten selbst sehr unsicher, müssen wir auf unsere grundlegende Haltung gegenüber der Unsicherheit zurückgreifen: auf Intuitionen, die keine gute Heuristik für rationales Handeln darstellen (siehe Morgan und Henrion 1990).

Welche Gedanken sollten wir uns über eine unsichere Zukunft machen? Nur eine einzige Projektion für ein Ergebnis – den besten oder den schlechtesten Fall – zu betrachten und darauf eine Entscheidung zu gründen ist nicht unbedingt die beste Vorgehensweise. So zu tun, als seien alle denkbaren Folgen gleich wahrscheinlich, widerspricht allem, was wir über die zukünftige Entwicklung komplexer Systeme wissen. Ein Weg, um die eigenen Vorhersagen gegenüber einer unsicheren Zukunft abzusichern, sind Szenarienanalysen, die mehrere mögliche Folgen berücksichtigen, und zwar auch dann, wenn die Wahrscheinlichkeit der einen oder anderen nicht bekannt ist. Darüber hinaus kristallisieren sich weitere Strategien heraus, die ebenfalls die Notwendigkeit berücksichtigen, sich mit der Komplexität und Dynamik der Welt auseinanderzusetzen. Ein Beispiel ist eine Methodik, die von Robert Lempert, Steven Popper und Steven Bankes als »robuste anpassungsorientierte Planung« (RAP) bezeichnet wird (Bankes u. a. 2001, Lempert u. a. 2002, Popper u. a. 2006). Sie nennen dafür vier Grundlagen:

- »Betrachtung großer Ansammlungen von Szenarien«
- »Strategievergleich nach Robustheitskriterien«
- »Erzielung von Robustheit durch Nutzung der Anpassungsfähigkeit«
- »Nutzung des Computers als Hilfsmittel, um entweder schlagkräftige Szenarien für denkbare Strategien vorzuschlagen oder diese Strategien durch kluge Eingrenzung zu verbessern ...« (Lempert u. a. 2002, S. 438).

Popper, Lempert und Bankes empfehlen, nicht die voraussichtliche Nützlichkeit zu maximieren, sondern die »robustesten

Strategien«, wie sie sie nennen, zu identifizieren und einzusetzen Damit sind jene Strategien gemeint, die vielleicht nicht die bestmögliche Option beinhalten, in denen aber angesichts eines möglichst breiten Spektrums zukünftiger Unwägbarkeiten ein zufriedenstellendes Ergebnis zu erwarten ist. Die Robustheitsanalyse erfordert die Betrachtung von Modellen, die unsere Kenntnisse berücksichtigen, ohne daß man dabei so tut, als könne man dem Unbekannten eine exakte Wahrscheinlichkeit zuordnen. Statt dessen betrachtet sie ein breites Spektrum unterschiedlicher, aber möglicher Szenarien und die Frage, wie sich eine heute getroffene politische Entscheidung darauf auswirken würde: »Eine entscheidende Erkenntnis der szenarienbasierten Planung lautet: Mehrere stark differenzierte Ansichten über die Zukunft erfassen die Informationen, die wir über die Zukunft besitzen, besser als die beste einzelne Einschätzung.« (Lempert u. a. 2002) Die RAP steht im Einklang mit den traditionellen mathematischen Verfahren für Modellbildung und Entscheidungshilfe. Sie berücksichtigt aber auch die Realität der »tiefen Unsicherheit« und Komplexität, an denen deutlich wird, daß die hergebrachten Methoden allein nicht zum Ziel führen. »Tiefe Unsicherheit« ist nichts anderes als der zuvor beschriebene Umstand: Eine Wahrscheinlichkeit (oder das zugehörige Maß) läßt sich nicht auf den Einfluß von Variablen zurückführen, und entsprechend kann man sie auch nicht mit den verschiedenen Ergebnissen von Handlungsalternativen in Verbindung bringen. Vom Konzept her beruht die RAP darauf, daß man in einer großen Zahl von Simulationen sehr viele Szenarien konstruiert, von denen jedes eine andere Wahrscheinlichkeitsverteilung zu den relevanten Variablen, ihrem Einfluß und damit ihren voraussichtlichen Folgen repräsentiert. Mit einer solchen Vorgehensweise nutzt man die Tatsache, daß wir mit der Rechenleistung moderner Computer in der Lage sind, eine große Zahl von Szenarien zu analysieren und daraus Antworten auf zwei Fragen abzuleiten:

- Welche Szenarien sind gegenüber Unsicherheiten am wenigsten empfindlich, so daß wir mit größerer Wahrscheinlichkeit zu dem gewünschten Ergebnis gelangen – oder anders gefragt: Welche Szenarien sind am »robustesten«?
- Auf welche Weise können die robustesten Szenarien durch unerwartete Veränderungen oder »Überraschungen« zunichte gemacht werden?

Wenn wir durch solche Analysen abschätzen, wie aussichtsreich verschiedene politische Handlungsmöglichkeiten angesichts eines ganzen Spektrums von Zukunftsszenarien sind, erkennen wir, an welchen Stellen die Politik versagen würde. Daraus ergibt sich die Möglichkeit, neue Mischstrategien zu entwickeln, die robuster sind als alle bisher betrachteten Handlungsweisen. Hat man eine robuste Vorgehensweise gefunden, kann man wiederum neue Szenarien betrachten, in denen sie versagen würde, und sich dann durch Korrekturen darum bemühen, für solche Situationen ein unerwünschtes Ergebnis zu vermeiden. Natürlich kann sich die menschliche Phantasie immer neue Szenarien ausmalen, die vielleicht plausibel, aber nicht sonderlich wahrscheinlich sind. Lempert, Popper und Bankes schlagen Wege vor, auf denen man die vorhandenen Kenntnisse über die Wahrscheinlichkeit verschiedener Szenarien einbeziehen kann, um so festzustellen, ob man sich über eines, das eine robuste Vorgehensweise »durchbricht«, Sorgen machen muß.

Neben Darstellungen und Analysen, in denen die Robustheit im Zusammenhang mit zukünftigen Ergebnissen als Kennzeichen guter Politik an die Stelle der Maximierung getreten ist, gibt es auch andere politische Heuristiken, die in einer komplexen Welt bei der Entscheidungsfindung helfen. Zur RAP gehört anpassungsorientiertes Management als geeignetes Mittel zur Umsetzung der Ergebnisse einer Analyse multipler Szenarien. Insbesondere erkennt das anpassungsorientierte Management nicht nur an, daß unsere Kenntnisse – beispielsweise über das Verhalten eines Ökosystems in zwanzig oder dreißig Jahren – unsicher sind, sondern es berücksichtigt auf Grund seiner Konstruktion auch bei der politischen Umsetzung die zunehmenden, sich wandelnden Kenntnisse über das komplexe System (siehe Oglethorpe 2002).

Die Handlungsstrategie des »anpassungsorientierten Managements« wird vor allem im Zusammenhang mit der Bewirtschaftung von Ökosystemen diskutiert. Zwei Wissenschaftler, die zu dem Thema bahnbrechende Arbeiten verfaßt haben, fassen die Methodik so zusammen:

»Anpassungsorientiertes Management ist ein Verfahren, mit dem die Bewirtschaftung der Umwelt systematisch verbessert wird, indem man aus den Ergebnissen dieser Bewirtschaftung lernt. Nach unserer Überzeugung bringt dieses Verfahren großen Nutzen für die Bewirtschaftung von Schutzgebieten, denn mit seiner Hilfe können die Verwaltungen trotz aller Unsicherheiten aktiv werden und die Unsicherheit durch systematische Lernprozesse vermindern. Wir beschreiben eine Vorgehensweise in sechs Stufen: Problembeurteilung, experimentelle Planung, Umsetzung, Überwachung, Evaluierung und Anpassung der Bewirtschaftung... Anpassungsorientiertes Management ist nicht nur eine Methode; es erfordert auch Neugier, Innovationsbereitschaft, den Mut, Unsicherheiten einzugestehen, und die Bereitschaft zu lernen (Murray und Marmorek 2003, S. 1).

Viele Aspekte des anpassungsorientierten Managements sind

kritisch zu betrachten. Vielleicht am schwierigsten zu erreichen ist die Verknüpfung von experimenteller Planung, Überwachung und Evaluierung. Der dahinterstehende Grundgedanke entspricht dem gesunden Menschenverstand und wird im Unternehmensmanagement schon seit vielen Jahren praktiziert: Setze eine Strategie um, aber baue kurzfristige, meßbare Meilensteine ein, damit du beurteilen kannst, ob die Strategie wirkt. Mit einer solchen Vorgehensweise berücksichtigt man, daß die Welt nicht der Laplaceschen Beschreibung entspricht, wonach der derzeitige Zustand alle zukünftigen Zustände festlegt. Eine Laplacesche Welt würde gewährleisten, daß die Strategie »Vorhersagen und Handeln« funktioniert. Unsere komplexe, stark durch Rückkopplung geprägte Welt dagegen erfordert, daß wir auf Grundlage der besten verfügbaren Informationen eingreifen, wobei wir bis in die Einzelheiten festlegen, wie wir messen wollen, ob sich unsere Erwartungen an das Ergebnis des Eingriffs kurzfristig erfüllen, um die Strategie unserer Eingriffe dann auf Grund der Rückkopplung und der nachfolgenden Anpassung unserer Hypothesen über die Wirkung des Eingriffs abzuwandeln. Das alles ist nicht so einfach, wie wir es uns vielleicht wünschen würden, aber das gleiche gilt auch für die Welt, mit der wir zurechtkommen wollen.

Im Zusammenhang dieser Erörterung ist vor allem ein Aspekt des anpassungsorientierten Managements von Bedeutung: Es wandelt das Modell des »Vorhersagens und Handelns« so ab, daß es zu einem fortlaufenden, endlosen Prozeß wird: »Vorhersagen, handeln, einen Maßstab für erfolgreiches Handeln aufstellen, Daten über die Folgen sammeln, neu vorhersagen, einen Maßstab für erfolgreiches Handeln aufstellen, handeln, Daten über die Folgen sammeln, neu vorhersagen ...« Anpassungsorientiertes Management ist eine dynamische, fortlaufende, stark von Rückkopplung geprägte Strategie der Entscheidungsfindung, die der dynamischen, von Rückkopplung geprägten Realität komplexer Systeme entspricht.

Daß die Kenntnisse über das zukünftige Verhalten komplexer Ökosysteme so unsicher sind, liegt an den vielen Kausalfaktoren mit unbekannter Wirkung, an derzeit unbekannten Faktoren und ihren Effekten (siehe Mayers 1979) sowie an der Unsicherheit chaotisch-dynamischer Prozesse. Wie bereits dargelegt wurde, ist es deshalb praktisch unmöglich, einem zukünftigen Zustand einen Wahrscheinlichkeitswert zuzuordnen, beispielsweise dem Ausmaß der globalen Erwärmung zu einem bestimmten Zeitpunkt. Deshalb sind unsere Entscheidungen unabhängig davon, was für Kenntnisse wir tatsächlich besitzen (siehe Clark u. a. 2001). Genau wie robuste anpassungsorientierte Planung und anpassungsorientiertes Management eine Alternative zur Alles-oder-nichts-Strategie darstellen, weil sie beim Erwerb neuen Wissens ständige Überwachung und Aktualisierung erfordern, so kann auch eine differenziertere, stärker kontextsensitive Darstellung von Politikfolgen in einer komplexen Welt zu verbesserten, differenzierteren Handlungsstrategien beitragen.

Betrachten wir als Beispiel einmal die Politik im Zusammenhang mit gentechnisch veränderten Nutzpflanzen unter dem Gesichtspunkt der Unsicherheit, die sich aus der Komplexität der biologischen Welt ergibt. Was wollen wir politisch im Hinblick auf die gentechnische Veränderung von Pflanzen und Tieren erreichen?[7] Wahrscheinlich verfolgen wir dabei eine ganze Reihe verschiedener und manchmal widersprüchlicher Ziele, darunter wirtschaftlicher Wert, bessere Gesundheit, Schutz der Umwelt für zukünftige Generationen oder die Bekämpfung von Armut und Hunger in der Welt. In welcher Form nützt oder schadet die Zulassung oder das Verbot gentechnisch veränderter

Lebensmittel unseren Zielen? Um diese Frage zu beantworten, müssen wir zunächst einmal die Tatsachen kennen. Was sind die Folgen, wenn wir den landwirtschaftlichen Ertrag von Reis auf schlechten Böden steigern oder biologisch verbesserten »Goldreis« anbauen, der alle Nährstoffe enthält, die normalerweise nur mit einer vielseitigen Ernährung aufgenommen werden? Wie wirkt es sich auf die Umwelt aus, wenn wir Nutzpflanzen mit eingebauter Resistenz gegen Schädlinge anbauen, die man ansonsten nur mit Pestiziden bekämpfen könnte? Und welche Folgen hat es, wenn wir alle diese Dinge unterlassen?

Die Logik ist immer die gleiche: Wenn wir wissen, was wir wollen (unsere Werte) und was geschieht, wenn wir auf unterschiedliche Weise handeln (die Tatsachen), dann können wir auch wissen, was wir tun und wie wir vorgehen sollten. Nimm eine Kosten-Nutzen-Analyse vor und maximiere den Erwartungswert. Es scheint ganz einfach zu sein. Aber hinter dieser einfachen Vorstellung von politischen Entscheidungen verbergen sich zwei Komplikationen, die den klaren Eindruck trüben. Wie nicht anders zu erwarten, haben diese beiden Schwierigkeiten mit zweierlei Voraussetzungen zu tun. Politische Unsicherheiten erwachsen erstens aus der Komplexität biologischer Systeme und zweitens aus den vielfältigen Wertvorstellungen der Handelnden, für die und von denen Politik gemacht wird. Die Komplexität der Kausalstrukturen in biologischen Systemen schließt einfache, schlagwortartige Beschreibungen für die Folgen gentechnischer Eingriffe aus. Ein Beispiel sind die am weitesten verbreiteten gentechnisch gegen Schädlinge geschützten Pflanzen: Sie wurden hergestellt, indem man ein Gen des Bakteriums *Bacillus thuringiensis* (Bt) nahm und in die Pflanzen brachte, wo es ein insektentötendes Protein produziert. Häufig glaubt man, alle derartigen »Bt-Pflanzen« – Mais, Kartoffeln und Baumwolle – seien durch einen einzigen gentechnischen Eingriff entstanden. In Wirklichkeit sind die »Bt-Toxine« aber nicht alle genau gleich, sondern sie unterscheiden sich sowohl genetisch als auch biochemisch (siehe The National Academy 2000, S. 109). Außerdem wirken sich Bt-Pflanzen in der Umwelt sowohl auf andere Lebewesen als auch im Hinblick auf die Verringerung des Pestizidbedarfs ganz unterschiedlich aus. Der Anbau von Bt-Mais an Stelle der unveränderten Sorte führt zwar zur Insektenresistenz, die Menge der von außen zugeführten Chemikalien ändert sich aber nicht, denn diese werden bei Mais nicht zu dem Zweck verwendet, den die Bt-Veränderung erfüllt. Für gesunde Bt-Kartoffeln dagegen braucht man tatsächlich weniger Pestizide (siehe The National Academy 2000, S. 111). Was für eine allgemeine Politik soll man also im Hinblick auf Bt-Pflanzen verfolgen?

Bt-Kartoffeln setzen sich erfolgreich gegen eine ganze Reihe verschiedener Käfer zur Wehr. Wenn man sie verwendet, braucht man nicht mehr so viele Chemikalien anzuwenden wie heute. Die genetische Abwandlung kann aber auch Folgen für Insekten haben, die man gar nicht treffen will, oder sie sorgt für beschleunigte Anpassung, so daß sich resistente Parasiten entwickeln, oder sie hat pleiotrope Effekte auf die veränderte Pflanze selbst, oder sie wirkt sich auf die Verteilung der genetischen Vielfalt in freier Wildbahn aus, und so weiter. Die Folgewirkungen kommen nicht nur in breiten Wellen, sondern die Wechselwirkungen mit den raffiniert verwobenen Teilen des Ökosystems sind zumindest zum Teil noch gar nicht bekannt. Da die gleiche genetische Abwandlung sich bei verschiedenen Nutzpflanzen – beispielsweise Bt-Mais und Bt-Kartoffeln – unterschiedlich auswirken kann, könnte man die Folgerungen für Bt-Kartoffeln selbst dann, wenn man sie vollständig kennen würde, nicht ohne weiteres auf Bt-Mais übertragen. Da die Folgen eines Eingriffs in biologische Systeme so stark vom größeren Kontext abhängen, wird die ohnehin schwierige Aufgabe, im Zusammenhang mit gentechnisch veränderten Lebensmitteln rationale Entscheidungen zu treffen, um so schwieriger.

Wie soll man also mit solchen unsicheren Tatsachen umgehen, wenn man sinnvolle politische Entscheidungen treffen will? Einige gezielte Methoden wie anpassungsorientierte Planung und anpassungsorientiertes Management haben wir genauer betrachtet. Welche allgemeineren Aussagen können wir machen? Politiker sollten

– die bekannten Risiken zur Kenntnis nehmen und handhaben;
– die unbekannten Konsequenzen bekannter Faktoren weiter untersuchen;
– robuste anpassungsorientierte Planung, anpassungsorientiertes Management und andere szenarienbasierte, von Rückkopplung geprägte, quantitativ erfaßbare Ansätze zur Entscheidungsfindung angesichts weitreichender Unsicherheit und komplexer Systeme anwenden.

Politiker bevorzugen für Fragen nach Risiken saubere, sichere Antworten, auf deren Grundlage eine einfach durchsetzbare Politik möglich wird. Aber aus den zuvor genannten Gründen geben feste Wahrscheinlichkeitszuordnungen in solchen Situationen nicht den Stand der wissenschaftlichen Kenntnisse wieder. Wir können nicht so tun, als seien wir sicher, wenn es nicht so ist – und wir können nicht beharrlich Sicherheit fordern, wo man sie nicht finden wird.

Edwin Rhodes, Koordinator für Aquakultur der US-Fischereibehörde, erklärte im März 2000 in einem Interview, er sei verwundert darüber, daß man die Arzneimittelbehörde FDA mit der Umweltverträglichkeitsprüfung einer neuen, gentechnisch veränderten Lachsart beauftragt hatte. Diese Fische trugen ein fremdes Gen, das für eine ständige Produktion des Wachstumshormons anstelle des normalen zyklischen Auf und Ab sorgte. Nach Rhodes' Worten verfügte nicht die FDA, sondern die Fischereibehörde über die erforderliche Fachkenntnis, um zu entscheiden, ob man gentechnisch abgewandelte Fische in Netzkäfigen züchten solle. »Wir müssen absolut sicher sein, daß die transgenen Fische nicht mit den Wildbeständen in Berührung kommen«, sagte Mr. Rhodes (zitiert nach Yoon 2000).

Absolut sicher werden wir nie sein – die Politik davon abhängig zu machen ist ein Fehler.

Da Wissenschaft ein fortdauernder Prozeß immer neuer Entdeckungen ist, sollten wir uns die Annahme zu eigen machen, daß wir politische Entscheidungen, je nachdem, was wir entdecken, immer wieder auf den neuesten Stand bringen müssen. Dies steht in krassem Gegensatz zu anderen umweltpolitischen Verpflichtungen wie der »Keine-Überraschungen«-Klausel in dem Artenschutzprogramm, das im Kreis San Diego angewandt und als Vorbild für die gesamten USA gepriesen wird (Jasny und Notthoff 1997). Diese Regel besagt: Wenn zwischen der Lokalverwaltung und den Immobilienunternehmen eine Übereinkunft über zu schützende Flächen getroffen wurde, können neue Erkenntnisse diese Entscheidung nie mehr in Frage stellen. Eine solche Politik mag vielleicht aus Sicht der Immobilienunternehmen optimal sein, in ihr spiegelt sich aber nicht der wissenschaftliche Prozeß der Erforschung bedrohter Arten und ihrer Lebensräume wider. In Wirklichkeit erfordert die derzeitige Unsicherheit in Verbindung mit dem allmählichen, fehlerbehafteten Wissenszuwachs durch weitere wissenschaftliche Forschung, daß wir ein »anpassungsorientiertes Management« entwickeln

(Mangel u. a. 1966). Wenn sich unsere Kenntnisse über die Folgen einer bestimmten Entscheidung ändern, müssen wir diese Entscheidung aktualisieren, revidieren oder ergänzen.

Und was die »unbekannten Unbekannten« angeht: Wenn Grund zu der Annahme besteht, daß die Umweltschäden groß und irreversibel sein werden, stehen wir vor einer Situation tiefer Unsicherheit; dann ist die Szenarienanalyse, mit der wir Bekanntes und Unbekanntes besser einbeziehen, ein Weg zu vernünftigem, verantwortlichem Handeln. Eine vorsorgende Haltung gegenüber dem Grundsatz 15 der Rio-Erklärung über Umwelt und Entwicklung besagt:

»Zum Schutz der Umwelt wenden die Staaten im Rahmen ihrer Möglichkeiten allgemein den Vorsorgegrundsatz an. Drohen schwerwiegende oder bleibende Schäden, so darf ein Mangel an vollständiger wissenschaftlicher Gewißheit kein Grund dafür sein, kostenwirksame Maßnahmen zur Vermeidung von Umweltverschlechterungen aufzuschieben.« (Konferenz der Vereinten Nationen über Umwelt und Entwicklung 1992)

Szenarienanalysen wie die RAP liefern eine Interpretation für einen solchen vorsorgenden Ansatz. Umweltschützer, die sich vor möglichen, aber nicht nachgewiesenen schädlichen Umweltfolgen neuer Technologien fürchten, befürworten ein solches Prinzip, während es von denen, die darin ein ungerechtfertigtes Innovationshindernis sehen, abgelehnt wird (Smith 2000).

Das Vorsorgeprinzip verfolgt das Ziel, den Genehmigungsbehörden die juristische Beweislast abzunehmen: Sie müssen jetzt nicht mehr »mit vollständiger wissenschaftlicher Sicherheit« nachweisen, daß ein Schaden eintreten wird, um ein Verbot gegenüber jenen auszusprechen, die ein neues technisches Verfahren einführen wollen. Statt dessen kann das neue Produkt so lange verboten werden, bis »mit vollständiger wissenschaftlicher

Sicherheit« nachgewiesen wurde, daß es keinen Schaden anrichtet. Legt man aber das Schwergewicht bei der Interpretation des Prinzips auf den Beweis von Gefährlichkeit oder Ungefährlichkeit, beschwört man eine Art erkenntnistheoretischen Positivismus herauf, der nicht gerechtfertigt ist. Angesichts der zuvor beschriebenen Komplexität kann es wissenschaftliche Sicherheit in der einen wie der anderen Richtung nicht geben. Statt die Last eines »Beweises«, der ohnehin nicht zu führen ist, von einer auf die andere Seite zu verlagern, müssen wir die unausweichliche Unsicherheit anerkennen und damit umgehen. Unterlassen wir gewisse gentechnische Manipulationen, die vielleicht keinen irreversiblen Schaden anrichten, laufen wir Gefahr, uns die Vorteile dieser Technologie auf Grund ungerechtfertigter Ängste entgehen zu lassen. Und wenn wir umgekehrt eine Technologie anwenden, die tatsächlich schwere Schäden verursacht, nehmen wir die unangenehmen Konsequenzen in Kauf. Ob eine vorsorgende Haltung angebracht ist, hängt von der Art des potentiellen Schadens ab. Handelt es sich, wie in der zitierten Richtlinie erklärt, um schwerwiegende, bleibende Schäden, ist natürlich größere Vorsicht angebracht, als wenn der Schaden geringfügig ist und rückgängig gemacht werden kann. Aber in der Vorsicht muß sich hier auch das Wesen der Unsicherheit widerspiegeln. Sie ist nicht gleichbedeutend mit Untätigkeit. Bleibt man untätig, verbannt man die Wissenschaft aus dem Entscheidungsprozeß. Angebracht ist vielmehr eine flexiblere politische Reaktion an Stelle eines Totalverbots oder des völligen Verzichts auf Vorschriften.

Aber wie kann die Politik eine Wissenschaft ernst nehmen, die im Zusammenhang mit den zukünftigen Folgen neuer Technologien die Unsicherheit ins Feld führt? Festgelegte politische Maßnahmen – wie das Verbot aller gentechnisch veränderten

Lebensmittel für alle Zeiten – sind keine angemessene Antwort auf ein dynamisch wachsendes Fundament wissenschaftlicher Kenntnisse. Wenn sich in unserer Politik unser Wissen über die Welt widerspiegelt – und so sollte es eigentlich sein –, und wenn unsere Kenntnisse sich relativ schnell wandeln, sollten die Wege zum politischen Wandel auf diese Dynamik reagieren. Ist unsere Politik nicht nach solchen Prinzipien konstruiert, bleibt das Problem, daß wir auf der Grundlage bruchstückhafter Informationen ein für allemal entscheiden sollen. Die Alternative zu einer flexibel reagierenden Verwaltung besteht angesichts der Wandelbarkeit unserer Kenntnisse darin, daß die Politik wissenschaftliche Befunde überhaupt nicht zur Kenntnis nimmt. Da es in der Frage, wie sich gentechnische Eingriffe auf die Gesundheit, Produktivität, Biodiversität usw. im einzelnen auswirken werden, keine unumstrittenen Antworten gibt, kann es nur allzu leicht dazu kommen, daß der Beitrag der Wissenschaft zur Politik völlig versiegt. Aber das wäre schlimm. Unsicheres Wissen ist immer noch besser als Unwissen.

Die Unsicherheiten im Hinblick auf die Auswirkungen der bekannten Variablen in einem komplexen Ökosystem sprechen für eine politische Vorgehensweise, die ständige Forschung beinhaltet und so flexibel ist, daß sie die veränderlichen Kenntnisse berücksichtigt und sich mit ihren Maßnahmen darauf einstellt. Das setzt voraus, daß neue Eingriffe genau beobachtet werden, wobei wissenschaftliche Analysen für ständige Rückkopplung sorgen. Die Überwachung selbst ist angesichts der großen Vielfalt gentechnischer Eingriffe und ihrer ganz unterschiedlichen Auswirkungen auf die lokale Umwelt nicht einfach (siehe Diamond 1999). Was für Bt-Kartoffeln gilt, muß nicht für Bt-Mais gelten.

Es wurden auch andere Ansätze für die Handhabung der Unsicherheiten in der Umweltpolitik vorgeschlagen. Diese eignen sich aber nach meiner Überzeugung nicht für die besonderen Umstände bei gentechnischen Abwandlungen mit ihren potentiell irreversiblen Folgen. Robert Costanza und Laura Cornwell (1992) setzen sich zum Beispiel im Zusammenhang mit wissenschaftlichen Unsicherheiten für das von ihnen so genannte »4P-Prinzip« ein. Die vier Ps stehen für »precautionary polluter pays principle« (»vorsorgendes Verursacherprinzip«). Der Vorschlag: Es wird ein System mit Versicherungsfonds eingeführt, und jeder, der ein möglicherweise gefährliches Produkt einführen will, muß von vornherein einen bestimmten Betrag einzahlen, um so einen Ausgleich für potentiell katastrophale spätere Effekte zu schaffen. Das System soll flexibel sein, das heißt, ein Teil der Einlagen würde zurückgezahlt, wenn später erwiesen ist, daß das schlimmste vorstellbare Szenario sich nicht verwirklicht hat.

Dieser wirtschaftliche Ansatz verlagert sowohl die Beweislast als auch die Kosten der Unsicherheit von der Gesamtgesellschaft auf denjenigen, der die neue Technologie einführen will; gleichzeitig umgeht man damit die Notwendigkeit, jeweils spezifische Sicherheitsstandards festzulegen. Für mich hat es aber den Anschein, als könne dieses System zwar funktionieren, wenn die Einführung eines neuen Agens in die Umwelt sich schädlich auf die Gesundheit der Menschen auswirkt, es eignet sich aber nach meiner Überzeugung nicht für die ökologischen Auswirkungen auf die Biodiversität und die Gesundheit der Ökosysteme, um die es bei den gentechnisch veränderten Lebensmitteln geht. Mit anderen Worten: Für die negativen Auswirkungen eines neuen Produkts auf die Gesundheit der Menschen kann der Hersteller den Geschädigten einen Ausgleich zahlen; aber welche Summe wäre notwendig, um einen Ausgleich für die irreversiblen, sich kaskadenartig verstärkenden Auswirkungen auf das Ökosystem zu schaffen? Statt mit voller Kraft weiterzuarbeiten und sich nur darauf einzustellen, daß man für etwaige Schäden aufkommen muß, eignet sich für die derzeitige Situation nach meiner Überzeugung eher eine langsamere, streng überwachte Gangart mit der Möglichkeit des Innehaltens, wenn Schäden wahrscheinlicher werden. Wenn es um schwere, irreversible Schäden geht und wenn es derzeit keine Methode zur Verringerung der Unsicherheit gibt, wird eine ständig wiederholte, anpassungsorientierte Szenarienanalyse, die Wahrscheinlichkeitsaussagen über Zeitpunkt und Ort entsprechender Kenntnisse macht, unseren Werten in einer dynamischen, veränderlichen, komplexen Welt besser gerecht.

Zusammenfassung

Dieses Buch sollte einige Herausforderungen deutlich machen, vor denen die traditionellen Methoden des Erkenntnisgewinns bei der wissenschaftlichen Untersuchung komplexer natürlicher Systeme stehen, und es sollte einen Weg für das weitere Vorgehen aufzeigen. Wenn wir unsere komplexe Welt auch nur ansatzweise verstehen wollen, so meine Argumentation, müssen wir unseren begrifflichen Rahmen so erweitern, daß er auch Kontingenz, dynamische Robustheit und tiefe Unsicherheit einschließt. Wir müssen in unserem Bild der Natur von der Vorstellung wegkommen, daß man immer universelle, deterministische, vorhersagbare Regelmäßigkeiten und Kausaleffekte findet. Die Wahrheiten, die sich mit unserer Welt verbinden, sind nur in den seltensten Fällen einfach, allgemeingültig und notwendig. Meist organisiert sich die Natur auf vielen verschiedenen Wegen, und dieser Pluralismus muß sich in dem, was wir als »Kenntnisse« bewerten, widerspiegeln. Wir müssen die reichhaltigen

Zusammenhänge und das hohe Maß an Kontingenz der Kausalprozesse in allgemeinen Aussagen einfangen, die nicht überall in Raum und Zeit gelten, sondern nur in begrenzten Zeitabschnitten und Regionen eines dynamischen, sich weiterentwickelnden Universums.

Die Komplexitätstheorie macht den historischen Charakter nacheinander ablaufender Ereignisse ebenso deutlich wie die Zahl der Komponenten, die zu Struktur und Verhalten natürlicher Systeme beitragen, auch berücksichtigt sie die robuste, flexible Reaktionsfähigkeit komplexer Systeme angesichts innerer und äußerer Veränderungen. Komplexe Systeme entziehen sich einfachen Untersuchungsmethoden und einer einfachen Logik der Schlußfolgerungen. Die neue Erkenntnismethode wirft die alte nicht über Bord, sondern sie stellt ein stärker ausgewogenes, pragmatisches Verfahren dar, das durch die Wirklichkeit, die wir verstehen wollen, notwendig wird. Wir leben nicht in Heraklits veränderlicher Welt des ewigen Fließens, die man nicht kennen kann.[8] Aber ebenso wenig leben wir in Parmenides' Welt der Unveränderlichkeit, in der nur das Ewige dem Wissen zugänglich ist (siehe Kirk u. a. 1983). In Wirklichkeit hat unsere Welt viele Formen und Größen, und ihre Strukturen unterscheiden sich im Ausmaß ihrer Stabilität, so daß sich mehr oder weniger kontingente Wahrheiten ergeben, die wir kennen und im Sinne unserer Ziele und Bestrebungen nutzen können. Es gibt nicht nur einen Weg des Seins, sondern viele.

Der integrative Pluralismus berücksichtigt all dies: Die von mir vertretene Ansicht über die wissenschaftliche Erforschung komplexer natürlicher Systeme hat Konsequenzen für unsere Gestaltung von Erkenntnisgewinn und Politik. Wenn Erklärungen die Komplexität der Welt beachten, sind sie fast definitionsgemäß eher lokal und weniger global ausgerichtet, und in ihnen spiegelt sich das stark vom Kontext abhängige Verhalten komplexer Systeme mit ihren vielen Ebenen und Bestandteilen. Der Kontext ist in jedem Bereich von Wissenschaft und Leben auf eine andere Weise kausal mitverantwortlich für die Effekte. Wie stark oder wie schwach sich einzelne, auf verschiedenen Ebenen angesiedelte Komponenten auf das Verhalten des Systems auswirken, hängt von der Stabilität der abgebildeten, kontingenten Kausalstrukturen ab. Eine einzige genetische Mutation kann beispielsweise je nach dem inneren und äußeren Hintergrund eine unterschiedliche phänotypische Ausprägung erfahren. Denken wir noch einmal an den Fall, mit dem diese Erörterung begann. Die genetische Variante mit der kurzen Promotorregion von 5-HTT trägt dazu bei, daß Erwachsene anfällig für Depressionsekrankungen sind, aber das gilt nur dann, wenn sie sich im Zusammenhang mit traumatischen Erlebnissen ausprägt, die ebenfalls zur Häufigkeit von Depressionen beitragen. Solche Erlebnisse werden zum Auslöser für ein Rückkopplungssystem, das die betreffende Person empfindlicher macht: Sie reagiert oberhalb einer niedrigeren Schwelle mit Streß, was wiederum zu mehr Empfindlichkeit gegenüber äußeren Erlebnissen führt, dies läßt wiederum mehr Streß entstehen, und so weiter. In solchen Fällen zieht sich die betroffene Person entweder von den verstärkten traumatischen Erlebnissen zurück, oder sie leidet darunter. Wenn viele Komponenten auf vielen Ebenen für ein kontextabhängiges Verhalten eine Rolle spielen, erfordern sie ein vielschichtiges, umfassendes Verständnis, wie es nur eine pluralistische Wissenschaft bieten kann.

In manchen Fällen führen reduktionistische Ansätze zum Erfolg, beispielsweise wenn es um den Zusammenhang zwischen Masse und Gravitationskraft geht: Dieser ist zwar nicht logisch notwendig, aber sehr stabil und deshalb in der Regel unempfindlich gegenüber dem Wechselspiel anderer Bedingungen in seinem Umfeld. In anderen Fällen, so beim Entstehungsmechanismus psychiatrischer Störungen wie der Depression, versagt der Reduktionismus. Für die Depression des Erwachsenenalters haben die grundlegenden genetischen Komponenten der komplexen Struktur von Zellen, Gehirn und Organismus nur dann einen Voraussagewert, wenn man sie beispielsweise mit Kindheitstraumata in Verbindung bringt. Umgekehrt rechtfertigen Faktoren wie traumatische Kindheitserlebnisse nur dann die Voraussage einer Depression im Erwachsenenalter, wenn der eine oder andere genetische Faktor vorhanden ist, der im Gehirn für den Aufbau der Serotoninrezeptoren sorgt. Gene spielen eine Rolle, aber sie sind nicht die alleinige und auch nicht die vorherrschende Erklärung, wie es eine einfache reduktionistische Strategie verlangen würde.

Ist Reduktion immer richtig? Nein. Ist Reduktion immer falsch? Nein. Der Reduktionismus ist nur dann abzulehnen, wenn er zur einzig möglichen Strategie erklärt wird. Mit pluralistischen Erklärungsstrategien erkennt man die Vielfalt der Kausalstrukturen an, die unsere Welt bevölkern. Aber was für ein Pluralismus soll es sein? Viele Diskussionen drehten sich um die Uneinigkeit der Wissenschaft oder um den Pluralismus in der Philosophie (Galison und Stump 1996, Kellert u. a. 2006), aber nicht alle Versionen des Pluralismus sind gleich. Es gibt den »Alles ist möglich«-Pluralismus eines Paul Feyerabend (1975, 1981), der sich aus dem Nihilismus in bezug auf leistungsfähige Untersuchungsmethoden ergibt. Woher kam dieser Nihilismus? Kuhns ungeheuer einflußreiches Buch *The Structure of Scientific Revolutions* (1962, dt. Die Struktur wissenschaftlicher Revolutionen, 1969) machte deutlich, daß die gleichen Methoden in der Wissenschaftsgeschichte sowohl zu großen Fortschritten als auch zu völligen Fehlschlägen geführt haben. Das Werk ist eine Zusammenfassung und Ausweitung von Beobachtungen, die mehrere Philosophen in der Mitte des 20. Jahrhunderts gemacht hatten, als sie auf die erkenntnistheoretischen Schwierigkeiten »der« wissenschaftlichen Methode hinwiesen (Lakatos und Musgrave 1970, Gower 1997); dazu gehören unter anderem theoriebefrachtete Behauptungen über Beobachtungen und die Unmöglichkeit, Einfachheit oder Fruchtbarkeit quantitativ zu erfassen. Seither ist die Zuversicht, man könne *die* wissenschaftliche Methode formulieren und damit zu *der* Wahrheit über die Natur gelangen, dahingeschwunden. Kuhn vertrat sogar die Ansicht, es gebe keinen zwangsläufigen Zusammenhang zwischen dem Wahrheitsgehalt einer Theorie und der Frage, ob sie den Werten entspricht, die in der Wissenschaft zur Bevorzugung einer Hypothese gegenüber einer anderen führt, wie Einfachheit, Fruchtbarkeit, Genauigkeit, Widerspruchsfreiheit und Geltungsbereich. Auf Grund dieser Befunde erklärten manche Wissenschaftssoziologen (Collins 1982, 1985; Latour 1988; Woolgar 1988), das Ziel der Wissenschaft sei nicht mehr die Wahrheitsfindung oder die Frage, warum man eine Theorie gegenüber einer anderen bevorzugt, sondern Autorität und Macht in den gesellschaftlichen Wissenschaftsinstitutionen. Überblickt man heute die wissenschaftliche Praxis, so ergibt sich zwar tatsächlich ein Bild mit vielen Theorien und Modellen, deren Zahl mit dem Wachstum der Wissenschaft nicht ab-, sondern zunimmt, aber nach meiner Überzeugung spricht dennoch nichts in der tatsächlichen wissenschaftlichen Praxis für einen Pluralismus nach dem Motto »Alles ist möglich«, und es besteht kein Anlaß, den Glauben an gut belegte wissenschaftliche Theorien als repräsentative Abbilder der Welt aufzugeben. Das entscheidende Maß für wissenschaftlichen Wert sind nach wie vor die empirischen

Prüfungen; Experimente beschwören zwar über die untersuchte Frage hinaus viele weitere Annahmen und Werte herauf, aber ob anerkannt wird, daß etwas »funktioniert«, hängt nicht ausschließlich davon ab, wer die Redakteure der führenden Fachzeitschriften sind oder wer die meisten Forschungsmittel erhält. Die derzeit so beliebte »evidenzbasierte« Medizin ist sicher ein Beleg für die pragmatischen Erfolge der Naturwissenschaft (Sackett u. a. 1996).

Es gibt noch andere pluralistische Möglichkeiten. Manche davon (Friedman 1974, Kitcher 1981, Beatty 1987) erkennen und vertreten eine Vielzahl konkurrierender Theorien als Mittel, um auf lange Sicht wissenschaftliche Einigkeit zu erzielen. Konkurrenz wird dabei als Mittel angepriesen, um den Weg zur Anerkennung des besten vereinheitlichten Schemas, das die größte Datenmenge erklären kann, zu beschleunigen. Angesichts unserer Unsicherheit in der Frage, welche von mindestens zwei einander ausschließenden Möglichkeiten die richtige ist – ob beispielsweise die Menschen mit den Schimpansen oder den Orang-Utans enger verwandt sind (siehe Schwartz u. a. 1984, Schwartz 2004) –, ist es nach dieser Sichtweise für den Pluralismus vernünftig, wenn die Wissenschaftlergemeinde beide Möglichkeiten untersucht, bis die empirischen Belege überwältigend für die eine und gegen die andere sprechen. Oder, wie Kitcher es formuliert: »Ziel der Gemeinschaft ist es, zur allgemeinen Anerkennung der richtigen Theorie zu gelangen« (1991, S. 19). Manche der vielfältigen Theorien und Erklärungen, die einem in der Wissenschaft begegnen, eignen sich für eine solche Strategie, für alle gilt das aber nicht. Letztlich handelt es sich dabei um eine pluralistische Methode zum Erreichen eines reduktionistischen Ziels: Man will durch die Konkurrenz einander ausschließender Alternativen zu einer einzigen, wahren Erklärungsebene gelangen. Wenn es um komplexe Naturphänomene geht, stehen häufig nur manche Teile der gleichzeitig erhobenen wissenschaftlichen Behauptungen zueinander in Konkurrenz, andere dagegen lassen sich vereinbaren und müssen sogar zusammengeführt werden, damit eine vielschichtige Erklärung gelingt.

Die Realität komplexer Systeme legt eine andere Form des Pluralismus nahe. Ihr vielschichtiger Aufbau spricht dafür, die Kausalstrukturen jeder einzelnen Ebene gezielt zu analysieren. Aber die so gewonnenen Erklärungen – beispielsweise wenn man das Verhalten der Menschen unter dem Gesichtspunkt von Genen, Hormonen, Kindheitserlebnissen oder sozioökonomischer Herkunft betrachtet – stehen untereinander nicht in Konkurrenz um das Attribut der »einzig wahren Erklärung«. Wettbewerb zwischen einander ausschließenden Theorien ist ein Aspekt der Wissenschaftslandschaft, aber es ist nicht der einzige. Die einzelnen, vielgestaltigen Erklärungen für ein einziges Phänomen wie die krankhafte Depression stehen untereinander nicht in Konkurrenz, sondern sie sind miteinander vereinbar. Eine davon ist die genetische Komponente, andere Analysen jedoch betreffen höhere Organisationsebenen. Die »Monoaminhypothese« beschreibt die kausale Funktion der Neurotransmitter Serotonin, Noradrenalin und/oder Dopamin (siehe Delgado 2000), andere Studien belegen einen Zusammenhang zwischen Depressionen und einer vergrößerten Amygdala bzw. einem verkleinerten Hippocampus im Gehirn (Weniger u. a. 2006), wieder andere nennen soziale und biographische Ursachen (Lorant u. a. 2007). Die Depression ist wie andere psychiatrische Störungen ein Musterbeispiel für ein multifaktorielles, vielschichtiges, komplexes Geschehen. Wenn man die dahinterstehende Kausalstruktur besser versteht, wird eine Methodik, die auf den Nachweis der beteiligten kontingenten, verflochtenen Faktoren abzielt, mit größerer Wahrscheinlichkeit zu nützlichen Erkenntnissen führen. Es wäre zwar viel einfacher, wenn sich die komplexen Verhaltensweisen auf ein einziges Allel zurückführen ließen, das in allen Zusammenhängen seine Wirkung entfaltet, aber so ist es nun einmal nicht. Die emergenten Systemeigenschaften höherer Ebenen ergeben sich aus den Wechselbeziehungen zwischen Komponenten auf niedrigeren Ebenen sowie aus dem Wechselspiel dieser Komponenten mit ihrem inneren und äußeren Umfeld. Eine wissenschaftliche Erklärung, die ausschließlich die grundlegenden Eigenschaften der grundlegenden Elemente als kausal und explanatorisch hinreichend betrachtet, übersieht die auf höheren Ebenen angesiedelten Erklärungen, die zu komplexen Systemen als unverzichtbarer Bestandteil dazugehören. Die Beziehungen zwischen den Faktoren der unterschiedlichen Ebenen sind voneinander nicht unabhängig, und die Analyse jeder einzelnen muß sich in die Gesamtheit einfügen; nur so läßt sich feststellen, welchen Beitrag sie zu dem untersuchten Verhalten des komplexen Systems leisten. Unter Umständen gibt es auf den verschiedenen Ebenen sogar mehrere Gruppen interagierender Merkmale. Zu einer depressiven Episode können nach Ansicht von Kendler u. a. (2006) mehrere Wege führen, die sich über die Lebenszeit der betroffenen Person hinweg mit Hilfe innerer, äußerer und gesellschaftlicher Faktoren zurückverfolgen lassen. Warum jemand an Depressionen leidet, ist also nicht nur nicht durch Reduktion auf einen einzigen Faktor zu erklären, sondern es gibt noch nicht einmal eine einzige Kombination von Ursachen und Ebenen, die diese Funktion in allen Fällen erfüllen könnte. Die Informationen über Gene, Zellen, Gehirn, Chemie, Affekte und Umwelt lassen sich nicht nach einem Algorithmus zusammenführen. Das Verhalten mancher komplexer Systeme ist gekennzeichnet durch Pluralismus der

Ursachen, Pluralismus der Ebenen und Pluralismus bei der Zusammenführung.

Ein weiterer Anlaß zu mehrfachen Erklärungen und einem *De-facto*-Pluralismus ist der historische Charakter von Systemen, die durch Evolution entstanden sind. Ernst Mayr unterschied zwischen letzten Erklärungen für Fragen nach den entwicklungsgeschichtlichen Ursprüngen und naheliegenden Erklärungen für Fragen nach Entwicklungsmechanismen (Mayr 1961, 1993). Warum leben manche Insekten zu vielen zusammen und haben die Arbeitsteilung eingeführt, andere aber nicht? Eine Antwort ergibt sich unter Evolutionsgesichtspunkten aus dem Anpassungsvorteil, den die soziale Lebensweise den ursprünglich alleinlebenden Insekten bot; damit hat man die Begründung, warum sich solche Systeme in der Geschichte des Lebendigen unabhängig voneinander viele Male entwickelten (Wilson 1981). Eine andere Erklärung bezieht sich auf die unmittelbaren Mechanismen, die in heutigen Ameisen-, Bienen- oder Termitenkolonien für die Arbeitsteilung sorgen, und auf die besondere Kombination von Hormonen, Entwicklung, Genen und Selbstorganisation, die das Sozialleben entstehen lassen (Topoff 1972). Andere (Tinbergen 1963, Sherman 1988) unterteilten die biologischen Fragen nach den Merkmalen eines Organismus noch stärker entsprechend den verschiedenen Analyseebenen wie entwicklungsgeschichtliche Herkunft, heutige Fortpflanzungsfunktion, Ontogenie und unmittelbare Funktionen. Wenn man an einen Teil der Natur mit unterschiedlichen Fragestellungen herangeht, stehen die Antworten natürlich nicht in Konkurrenz zueinander. Es ist, als würde man einerseits fragen, welches das höchste Gebäude der Welt ist, und sich andererseits dafür interessieren, wie man ein so hohes Gebäude errichten konnte. In der Frage, welches Gebäude das höchste ist, könnte es Meinungsverschiedenheiten geben (soll man Türme und Sendemasten auf den Dächern mitzählen?), aber unabhängig davon, wie die Antwort auf diese Frage ausfällt, kann man ihr nicht dadurch widersprechen, daß man die Technik bei der Errichtung dieses Gebäudes kennt.

Wenn man davon ausgeht, daß es viele Antworten auf viele Fragen gibt, bleibt immer noch festzustellen, welche Beziehung zwischen den Antworten besteht. Sind sie widerspruchsfrei, unabhängig voneinander oder auf irgendeine Weise verknüpft? Zwischen dem Gebäude, das im Jahr 2007 das höchste der Welt ist, und der zu seinem Bau verwendeten Technik besteht eine Kausalbeziehung. Ein solches Gebäude wird nicht aus Holz bestehen. Es muß Mechanismen besitzen, die den Schwankungen bei starkem Wind gerecht werden. Sherman vertrat die Ansicht, Konkurrenz zwischen verschiedenen Fragen könne es nur *innerhalb* der einzelnen Analyseebenen geben, aber nicht zwischen ihnen. Betrachten wir – noch einmal – als Beispiel eine entwicklungsgeschichtliche Frage, nämlich die nach der Entstehung der Unfruchtbarkeit bei gesellschaftsbildenden Insekten, einem wichtigen Aspekt der Arbeitsteilung – nur die Königin bringt Nachkommen hervor, bei den Arbeiterinnen dagegen wird die Fortpflanzung zugunsten der Versorgung ihrer Schwestern und der Kolonie unterdrückt. Als Antwort auf diese Frage nach den entwicklungsgeschichtlichen Ursprüngen wurde von Hamilton die natürliche Selektion genannt, die auf dem Weg der Verwandtenselektion auf einzelne Gene einwirkt (1964). Wie bereits erwähnt, stützt sich die Erklärung mit Bezug auf die Verwandtenselektion auf die ungewöhnliche haploid-diploide genetische Struktur der gesellschaftsbildenden Insekten. Da die Weibchen aus befruchteten und die Männchen aus unbefruchteten Eiern hervorgehen, sind die Arbeiterinnen mit ihren Schwestern (den

Nachkommen der Königin) enger verwandt als mit ihren eigenen potentiellen Töchtern und Söhnen; deshalb tut eine Arbeiterin mehr dafür, daß ihre eigenen Gene in die nächste Generation gelangen, wenn sie ihre Schwestern großzieht. Diese Theorie steht in Konkurrenz zu einer ebenfalls evolutionsorientierten Theorie, wonach die Arbeiterinnen unfruchtbar sind, weil einzelne Königinnen auf Grund ihrer Fähigkeit, die Kontrolle über ihre Töchter auszuüben, selektiert wurden. Damit eine Königin gegenüber andcren Königinnen selektiert wird, sind keine besonderen Verwandtschaftsbeziehungen erforderlich, sondern sie muß nur nach Art eines Parasiten die Kontrolle über die Arbeiterinnen erlangen (Andersson 1984, ein Vergleich der konkurrierenden Theorien findet sich bei Alonso und Schuck-Paim 2002). Wenn eine Königin es schafft, daß die Arbeiterinnen – nun ja – die Arbeit erledigen und Gefahren auf sich nehmen, hat sie einen größeren Fortpflanzungserfolg als ein alleinlebendes Weibchen, das alle Aufgaben selbst erfüllen muß, vom Nestbau über die Nahrungssuche bis zur Eiablage und der Abwehr natürlicher Feinde. Auf der Ebene des unmittelbaren Mechanismus kann man die Frage stellen, warum Weibchen zur Königin oder Arbeiterin werden und wie ihre Fortpflanzungfähigkeit nach Zuweisung der Rolle verstärkt oder unterdrückt wird. Nach dem Modell der verschiedenen Analyseebenen und der Vielfalt wissenschaftlicher Hypothesen und Erklärungen sollten Fragen nach den Mechanismen nicht mit solchen nach der entwicklungsgeschichtlichen Herkunft in Wettbewerb treten.

Das Modell der Analyseebenen mit seiner Aufteilung der Fragen und ihrer zugehörigen Antworten kann in einer extremen Interpretation zum Isolationismus führen: Dann beschäftigen sich Wissenschaftler mit den gleichen Phänomenen, konzentrieren sich aber auf unterschiedliche Analyseebenen, so daß sie

Erklärungen, die auf anderen Ebenen entwickelt wurden, nicht mehr zu berücksichtigen brauchen.

Der Ansatz der verschiedenen Analyseebenen erkennt zwar zu Recht an, daß vielfältige Fragen aufgeworfen werden können, er berücksichtigt aber nicht, daß die auf einer Ebene gefundenen Antworten unter Umständen Einfluß darauf haben, was auf einer anderen Ebene eine plausible oder wahrscheinliche Antwort ist.

Kehren wir noch einmal zur Arbeitsteilung bei gesellschaftsbildenden Insekten zurück: In neueren Studien wurde untersucht, wie sich das Fortpflanzungsverhalten von Arbeiterinnen ändert, wenn sie in eine Kolonie mit einer aktiven Königin eingegliedert werden. Insbesondere wurden Arbeiterinnen beobachtet, deren Eierstöcke bereits entwickelt waren. Dabei stellte sich heraus, daß die Königin durch Pheromone eine starke, direkte Wirkung auf die Eierstöcke ausübt. Bei Arbeiterinnen, deren Eierstöcke sich in Abwesenheit einer Königin stärker entwickelt haben, kehrt sich diese Entwicklung um, wenn man eine Königin in ihre Nähe bringt, und das sogar dann, wenn sie kurz vor der Eiablage stehen und dadurch ihre eigene Verfassung verbessern würden (Malka u. a. 2000). Dies spricht dafür, daß die Kontrolle durch die Königin letztlich die entwicklungsgeschichtliche Erklärung für die Unfruchtbarkeit bei Insekten darstellt; dagegen wirft es für die Erklärung, die sich auf Verwandtenselektion stützt, ein Problem auf. Antworten auf die unmittelbaren Fragen beschreiben und erklären Merkmale des Phänotyps, die zu Tage treten, wenn man die Black Box öffnet und die Entstehungsmechanismen sieht. Auf diese Weise kann man das Spektrum der mutmaßlichen früheren Variationen beschränken und so die Annahmen prüfen, die den endgültigen entwicklungsgeschichtlichen Erklärungen für den Ursprung des Merkmals zugrunde liegen.

In jüngster Zeit entwickelte sich in der Biologie das neue Fachgebiet der evolutionsorientierten Entwicklungsbiologie, nach dem englischen *evolutionary developmantal biology* kurz »Evo-Devo« genannt. Es beschäftigt sich gezielt mit den Zusammenhängen zwischen den Entwicklungsvorgängen, durch die einzelne Merkmale eines Lebewesens entstehen, und den Evolutionsprozessen, die in den Populationen über längere Zeiträume hinweg für die Selektion und Erhaltung der Merkmale sowie für die Mechanismen zur Erzeugung dieser Merkmale sorgen.

Die Entstehung dieses neuen Fachgebiets leistet einen entscheidenden Beitrag zur Evolutionstheorie. Die neuere Evolutionsforschung hat sich auf die Bedeutung der natürlichen Selektion konzentriert, die von außen auf den Organismus einwirkt, und unterstellt für die Lebewesen uneingeschränkte Variationsmöglichkeiten. Mikroevolutionsprozesse gelten auch für die Makroevolution als ausreichende Erklärung. Entwicklungsvorgänge sind aber emergente Prozesse, die sich anhand der Eigenschaften von Genen oder Zellen nicht voraussagen lassen; geht man deshalb von einer bestimmten Ontogenie aus, lassen sich manche Phänotypen unter Umständen leicht verwirklichen, andere dagegen sind unmöglich. Entwicklungsmechanismen sind sowohl für die großen entwicklungsgeschichtlichen Veränderungen als auch für Evolutionsprozesse im kleinen Maßstab von entscheidender Bedeutung (Raff 2000, S. 78).

Einen weiteren Hinweis auf Wechselbeziehungen zwischen den Analyseebenen liefert die Untersuchung verschiedener Modelle der Selbstorganisation: Sie zeigt, daß manche emergenten Merkmale einer Insektenkolonie »kostenlos« entstehen (ein Begriff, den Stuart Kauffman auf spontan und ohne Selektion entstehende Strukturen anwendet, 1993), das heißt ausschließlich durch das Wechselspiel zwischen den Individuen (siehe Page und Mitchell 1998, Camezine u. a. 2001, Bonabeau u. a. 1997). Eine endgültige entwicklungsgeschichtliche Erklärung, die Variationen der Merkmale bei den Vorfahren unterstellt, kann also durch eine unmittelbare Erklärung in Frage gestellt werden, wenn diese Erklärung Indizien liefert, daß solche Variationen nicht plausibel sind. Die Befunde auf einer Ebene wirken sich also auf die Beantwortung der Fragen auf einer anderen aus. Hinsichtlich der Analyseebenen ist Isolationismus also nicht zu befürworten.

Selbst innerhalb derselben Ebene, wo nach Shermans Ansicht durchaus Konkurrenz herrschen kann, versagt das Schema. Eigentlich lautet das Prinzip: Wenn man nachweisen kann, daß es sich um unterschiedliche Fragen handelt, die sich auf die vier Ebenen des entwicklungsgeschichtlichen Ursprungs, der heutigen Fortpflanzungsfunktion, der Ontogenie und des unmittelbaren Mechanismus verteilen, ergibt sich keine Gelegenheit zur Konkurrenz; handelt es sich dagegen um dieselbe Frage, sollte Konkurrenz aufkommen. Aber auch das funktioniert nicht. Die aus vielen Komponenten bestehende Kausalstruktur komplexer Systeme stellt diese Schlußfolgerung in Frage. Wenn zahlreiche Kausalfaktoren mitspielen – beispielsweise Gravitation und Reibung oder Gene, Umwelt und Lernen –, stellt man üblicherweise jeden Faktor einzeln in einem Modell dar, um so herauszufinden, für welchen Teil des Effekts eine solche partielle Ursache verantwortlich ist. In solchen Fällen bringt dieselbe Frage – beispielsweise die, welche Selbstorganisationsfaktoren zur Arbeitsteilung führen – unter Umständen ganz unterschiedliche Antworten hervor, die sich auf verschiedene Teilursachen des Phänomens konzentrieren (Mitchell 2000). Aber auch wenn diese getrennten Ursachen die Wirkungen eines Systems voll und ganz kontrollieren, sind sie im allgemeinen nur partieller Natur. Deshalb muß man die Modelle für Einzelursachen häufig zusammenführen, um einzelne Erscheinungsformen des Phänomens zu erklären. Dies gilt unter anderem für die vielen auf unterschiedlichen Organisationsebenen angesiedelten Ursachen von Depressionserkrankungen.

Ich vertrete für den Pluralismus keine Vorstellung von »Alles ist möglich« oder »Der Sieger kassiert die Konkurrenz« oder »Analyseebenen«, sondern ich setze mich für einen *integrativen Pluralismus* ein, der danach strebt, dem vielschichtigen, durch Evolution entstandenen Wesen komplexer Systeme mit ihren vielen Einzelbestandteilen gerecht zu werden. Nun könnte man aber vernünftigerweise die Frage stellen: Was für eine Integration meinen Sie? Die beiden zuvor erörterten Beispiele – Depressionserkrankung und Arbeitsteilung bei Insekten – machen deutlich, daß es keine algorithmische Methode gibt, mit der man in komplexen Systemen, wie ich sie beschreibe, verschiedene Teilursachen und Kausalitätsebenen zusammenführen könnte. Für manche Teilursachen gelten unter Umständen einfache Summierungsgesetze. In der Physik kann man beispielsweise mit der allgemeinen Methode der Vektoraddition die Wirkungen unabhängiger Kräfte aufsummieren, so die Wirkung magnetischer und elektrischer Kräfte auf die Bewegung eines Körpers. Da es sich hier um additive Komponenten handelt, erhält man mit Hilfe einer Kombinationsregel die Gesamtkraft und die Bewegungsrichtung des Körpers. Sober (1987) vertrat die Ansicht, eine solche Form der Integration sei auch dazu geeignet, die gemeinsamen Effekte von Mutation und Selektion in einer Population vorauszusagen. Aber angesichts der Tatsache, daß nicht nur die Strukturbestandteile komplexer natürlicher

Systeme, sondern auch die *Formen* ihres Zusammenwirkens bei der Entstehung einer Systemeigenschaft vielfältig und vom Zusammenhang abhängig sind, lassen sich solche einfachen Regeln nicht allgemein anwenden. Dies gilt sogar für die Selbstorganisation der Arbeitsteilung: Hier haben vermutlich Genetik, Lernen und die Umwelt einen Einfluß darauf, wie die Individuen einer Insektenkolonie auf die verschiedenen Funktionen und Spezialaufgaben verteilt werden, aber die Beiträge dieser verschiedenen Ursachen dürften sich von einer Insektenart zur nächsten unterscheiden.

Ich habe einige Beispiele dafür genannt, wie mehrere Faktoren, die auf unterschiedlichen ontologischen Ebenen angesiedelt sind, in Biologie und Psychologie zu Erklärungen beitragen. In ihren Einzelheiten lassen sich diese Beispiele nicht verallgemeinern. Eine meiner wichtigsten Behauptungen lautet ja gerade: Wie sich vielfältige Faktoren und Modelle ihres Verhaltens zu einer Gesamterklärung vereinigen, hängt vom Kontext ab. Leider steht die Wissenschaft damit vor erheblich größeren Herausforderungen als bei der reduktionistischen Methode. Es gibt keine bevorzugte Ebene, auf die sich alle Erklärungen richten müßten, sondern eine vielschichtige Kausalität. Eine andere Schlußfolgerung lassen die realen Erfolge und Fehlschläge in der aktuellen Erforschung komplexer natürlicher Systeme nicht zu. Die eigentliche Herausforderung für Naturwissenschaftler und Wissenschaftsphilosophen besteht darin, das Spektrum der Prinzipien und Methoden, mit denen sich die verschiedenen Ansätze der Komplexitätsforschung integrieren lassen, zu beschreiben und zu identifizieren. Diese Erkenntnis gibt für Naturwissenschaft und Wissenschaftsphilosophie den Anlaß zu einer ganzen Reihe von »Forschungsprogrammen«, wie Lakatos sie nennt (1970). Sie kennzeichnet das Ende des schönen reduktionistischen Traums, wird gleichzeitig aber auch zum Ausgangspunkt für Bestrebungen, die in unserer komplexen Welt zu einem besseren Verständnis und wirksameren Eingriffen führen.

Pragmatische Überlegungen

Einerseits verlangt die Natur von ihrem Wesen her einen Pluralismus der von uns konstruierten Theorien, Modelle und Erklärungen, andererseits ergibt sich Pluralismus aber auch aus der Art, wie wir Menschen unser Wissen über die Natur gewinnen, also aus der Erkenntnistheorie. Wissenschaftliche Kenntnisse bestehen aus Aussagen über die Kausalstruktur der Welt. Bei solchen Aussagen handelt es sich zwangsläufig um Darstellungen oder Modelle, seien sie nun sprachlicher, mathematischer, visueller oder rechnerischer Natur. Wir wählen aus, auf welcher Abstraktionsebene wir die Eigenschaften der Welt abbilden und erklären wollen. Ob Aussagen über die Ursachen von Depressionserkrankungen richtig sind, hängt letztlich von der Struktur des Phänomens ab, aber über die Abstraktionsebene – über die Frage, wie fein oder grob das Raster sein sollte, in dem wir diese Strukturen abbilden – bestimmt eine Kombination aus unseren kognitiven Fähigkeiten, den Abbildungen, auf die unsere Kognition angewiesen ist, und dem Zweck, für den wir unsere Kenntnisse nutzen. Auf der einen Seite steht die ontologische Realität, auf der anderen eine pragmatische Auswahl der Abbildungen, mittels deren wir mit dieser Realität umgehen wollen. Für verschiedene Erklärungszwecke sind unterschiedliche Abbildungen und Spezifitätsebenen nützlich.

Ein gutes Beispiel stammt aus der Chemie. Unter dem Sammelbegriff »Wasser« fassen wir verschiedene Molekülkonfigurationen zusammen. Diese Vielfalt in einem feinen Raster wiederzugeben ist manchmal aufschlußreich, manchmal auch nicht. Wenn wir verstehen wollen, wie sich Ozonabbau in der Stratosphäre, der zur Entstehung von »Ozonlöchern« über den Polen führt, auf die Temperatur des Meerwassers auswirkt, müssen wir die Wechselwirkung von elektromagnetischer Strahlung (UV, sichtbares Licht, Infrarot) mit den Molekülen des Meeres betrachten. Dabei können wir zwischen Wasser mit allen verschiedenen Isotopen von Wasserstoff unterscheiden, aber auch Kombinationen, in denen nicht einfacher Wasserstoff, sondern Deuterium (»schweres Wasser«) oder Tritium (»superschweres Wasser«) enthalten ist. Einfacher Wasserstoff enthält keine Neutronen, Deuterium enthält eines und Tritium zwei. Berücksichtigen wir dann noch den normalen Sauerstoff O-16 und die seltenen Sauerstoffisotope O-17 und O-18, gelangen wir auf einer fein gerasterten Darstellungsebene zu 18 verschiedenen Molekülen, die wir in einem groben Raster alle als »Wasser« bezeichnen. Halbschweres Wasser (HDO) kommt in der Natur mit einer Häufigkeit von einem unter 3200 Wassermolekülen vor, beim »schweren Wasser« D_2O liegt die Häufigkeit bei eins zu 6000. Bei den Sauerstoffisotopen dominiert O-16 mit einem Anteil von 99,76%. Der Ozean besteht also zum ganz überwiegenden Teil aus H_2O-16, und es ist nicht wichtig, die Wärmeentwicklung durch Wechselwirkung der anderen isotopen Wassermoleküle mit der durch den Ozonabbau bewirkten zusätzlichen Sonnenstrahlung zu berücksichtigen.

Was die Reaktionsgeschwindigkeit und die spektroskopischen Eigenschaften angeht, bestehen zwischen H_2O, D_2O und HDO jedoch Unterschiede, die in bestimmten Zusammenhängen von Bedeutung sind. Für die Protonen-Kernresonanzspektroskopie, mit der man Molekülstrukturen aufklärt, verwendet man zum Beispiel häufig deuteriumhaltige Lösungsmittel, so daß die einzigen Wasserstoffatome der Probe aus den untersuchten Molekülen stammen (Patel u. a. 1970). Untersucht man dagegen die Gezeiten im Ozean oder die Auswirkungen der globalen Erwärmung, würde eine Unterscheidung zwischen dem natürlich vorkommenden H_2O, D_2O und HDO nur Verwirrung stiften.

Wann soll man die fein gerasterte Darstellung verwenden, und wann reicht ein groberes Raster aus? Beide geben die Welt, die wir darstellen wollen, »richtig« und »genau« wieder. Was bestimmt darüber, welche Abstraktionsebene oder welches Raster pragmatisch ist? Diese Frage läßt sich nur im Zusammenhang mit dem jeweiligen Kontext und den wissenschaftlichen Zielen beantworten. Verschiedene Darstellungen eignen sich zur Lösung unterschiedlicher Probleme. In der Wissenschaft sollte man neben den zahlreichen Hypothesen, die sich mit verschiedenen Ursachen und Strukturebenen komplexer Systeme verbinden, auch mit vielfältigen Darstellungsformen rechnen.

Dynamische Überlegungen

Aus der derzeitigen Erforschung dynamischer Systeme kann man die Lehre ziehen, daß die dynamischen Prozesse, die auf Systemebenene für die Entstehung und Aufrechterhaltung der Eigenschaften sorgen, die einfachen Vorstellungen von Ursache und Wirkung in Frage stellen. Angesichts von Rückkopplung und chaotischen Prozessen wäre es selbst mit einem vollständigen Wissen über die deterministische Struktur der Natur nicht möglich, sichere Voraussagen über die Zukunft zu machen. Nimmt man dann noch Quantenunschärfe und die rechnerische Unzugänglichkeit hinzu, dann ist es erstaunlich, daß wir über die komplexe Welt, in der wir leben, überhaupt etwas wissen.

Die Methodik und Erkenntnistheorie der neueren Komplexitätsforschung sollte uns die Sicherheit vermitteln, daß es eine Lösung gibt: Wir müssen nicht verzweifeln, nur weil die herkömmlichen Strategien des Erkenntnisgewinns nicht das reinliche Bild einer einfachen Welt liefern, wenn man sie auf die Welt des Lebendigen und vermutlich auch die meisten gesellschaftlichen Phänomene anwendet. Aber dazu dürfen wir nicht nur die einfachen Dinge betrachten, und wir dürfen nicht nur das erwarten, was sich vollständig vorhersagen läßt. Notwendig ist eine pluralistische Sichtweise: Wir müssen anerkennen, daß kontingente Verallgemeinerungen ein zuverlässiger Bestandteil der Wissenschaft sind und daß Computermodelle das Kernstück zur Ergänzung unseres Wissens darstellen. Der integrative Pluralismus, den ich hier als Ausgangspunkt für einen neuen erkenntnistheoretischen Ansatz dargestellt habe, beinhaltet die Vielfalt der Natur, die dynamische Stabilität und Instabilität der Kausalprozesse und eine nicht zu beseitigende tiefgreifende Unsicherheit. Wenn man so tut, als gäbe es das alles nicht, bestätigt man zwar eine vorgefaßte Vorstellung von Ordnung in der Welt, aber man übersieht völlig, was wir genau vor Augen haben: ein in dynamischem Wandel begriffenes, kompliziertes, komplexes, chaotisches und dennoch verständliches Universum.

Insbesondere wenn es darum geht, wie sich die Komplexität auf unsere Pläne und Handlungsweisen auswirkt, kann das Festhalten an leichter handhabbaren sicheren Überzeugungen zur Katastrophe führen. Wie ich dargelegt habe, sehen wir den Tatsachen der Welt nicht ins Auge, wenn wir unterschiedlich stark ausgeprägte Kontingenz in einen unzureichenden Rahmen pressen, der nur Raum für universelle Wahrheiten oder Zufälle läßt, wenn wir alle robusten Rückkopplungssysteme fein säuberlich in modulare Strukturen zerlegen oder wenn wir so tun, als könne man die tiefgreifende Unsicherheit mancher natürlicher Komplexe durch eine allgemein anerkannte Risikoabschätzung ersetzen. Der alte Newtonsche Ehrgeiz, alles auf einfache, grundlegende Eigenschaften und Bewegungen zurückzuführen, wurde durch eine Welt der vielschichtigen kausalen Wechselwirkungen und der Emergenz abgelöst. Die Welt der notwendigen Wahrheiten ermöglicht keinen produktiven Umgang mit den Abstufungen der kontingenten Kausalität, die historisch-evolutionär entstandene natürliche Systeme kennzeichnet. Das Universelle hat dem Kontextbezogenen, Lokalen Platz gemacht, und das Streben nach der einen, einzigen, absoluten Wahrheit wird verdrängt durch den demütigen Respekt vor der Pluralität der Wahrheiten, die unsere Welt partiell und pragmatisch abbilden. Unser wissenschaftliches Verständnis für die Natur hat sich gewandelt, und auch unsere Methoden zu ihrer Erforschung müssen dem Rechnung tragen. Die neuen computergestützten Verfahren erweitern und verändern unsere Fähigkeit, komplexe Systeme abzubilden und ihr Verhalten zu untersuchen, so daß wir heute mit den wichtigen Details besser umgehen können.

Wenn wir die übermäßig vereinfachten alten Sichtweisen der Naturwissenschaft zu *der* wissenschaftlichen Erkenntnistheorie deklarieren und wenn solche Erklärungen und Methoden dann in komplexen Situationen versagen, sieht es für Politiker so aus, als habe die Wissenschaft versagt. Es besteht die Gefahr, daß die Wissenschaft durch das Festhalten an falschen Maßstäben den Wert ihrer Erkenntnisse über die Natur vermindert und daß dann ein Umfeld entsteht, in dem die Wissenschaft in politischen Fragen nicht mehr konsultiert wird. »Die Wissenschaftler geben uns keine klare Antwort, warum sollen wir also auf sie hören?« Es liegt an uns, ein besseres Verständnis dafür zu entwickeln und zu vermitteln, was für Erklärungen die Wissenschaft im Hinblick auf vielschichtige, durch Evolution entstandene robuste komplexe Systeme mit ihren vielen Einzelteilen liefern kann, und entsprechend müssen wir unsere Entscheidungsprozesse und politischen Strategien auf dieses Wissen abstimmen. Der integrative Pluralismus ist ein Schritt auf dem Weg zu einem neuen Verständnis für unsere komplexe Welt.

Anmerkungen

1 Sehr gut ausgedrückt wird das subjektive Gefühl der Depression in dem Gedicht »Having it Out with Melancholy« von Jane Kenyon (2005).

2 Weitere Erläuterungen zur Wissenschafts- und Psychiatriephilosophie finden sich bei Parnas und Kendler, erscheint demnächst.

3 Die Vorsokratiker Parmenides und Heraklit lebten im 5. Jahrhundert v. Chr. Ihre Arbeiten kennt man vor allem aus Kommentaren von Platon und Aristoteles.

4 Dirac, einer der Begründer der Quantenmechanik, erklärte 1929: »Die grundlegenden Gesetze für die mathematische Theorie der Physik und für die gesamte Chemie sind demnach vollständig bekannt; die Schwierigkeit besteht nur darin, daß die genaue Anwendung dieser Gesetze zu Gleichungen führt, die zu kompliziert und deshalb unlösbar sind.« (Dirac 1929, S. 714)

5 Mark Bedau entwickelt eine Beschreibung der schwachen Emergenz, die nicht den einfachen, sondern den komplizierten Weg beschreibt, auf dem emergente Eigenschaften aus ihre Bestandteilen erwachsen (Bedau 1997).

6 Der Mathematiker Laplace lebte Ende des 18. und Anfang des 19. Jahrhunderts in Frankreich. Er war überzeugt, das Universum sei vollständig deterministisch, und stellte sich einen Geist vor, der auf Grund seiner Kenntnis der Naturgesetze und der Position aller Teilchen sämtliche früheren und zukünftigen Zustände voraussagen kann.

7 Zur Diskussion über gentechnisch veränderte Lebensmittel siehe auch Mitchell 2007, S. 58-71.

8 »Ich glaube, Heraklit sagt, daß alles vorübergeht und nichts bleibt. Er vergleicht die existierenden Dinge mit dem Strömen eines Flusses und sagt, man könne nicht zweimal in denselben Fluß steigen.« (Platon, *Cratylus* 402a = A6)

Literaturnachweise

Allen, M. R., P. A. Stott, J. F. B. Mitchell, R. Schnur, T. L. Delworth, *Quantifying the Uncertainty in Forecasts of Anthropogenic Climate Change*, in: Nature 407 (2000), S. 617-620.

Alon, U., M. G. Surette, N. Barkai, S. Leibler, *Robustness in Bacterial Chemotaxis*, in: Nature 397 (1999), S. 168.

Alonso, J., M. C. Angermeyer, S. Bernert, R. Bruffaerts, T. S. Brugha, H. Bryson, G. Girolamo, R. Graaf, K. Demyttenaere, I. Gasquet, J. M. Haro, S. J. Katz, R. C. Kessler, V. Kovess, J. P. Lépine, J. Ormel, G. Polidori, L. J. Russo, G. Vilagut, J. Almansa, S. Arbabzadeh-Bouchez, J. Autonell, M. Bernal, M. A. Buist-Bouwman, M. Codony, A. Domingo-Salvany, M. Ferrer, S. S. Joo, M. Martínez-Alonso, H. Matschinger, F. Mazzi, Z. Morgan, P. Morosini, C. Palacín, B. Romera, N. Taub, W. A. Vollebergh, *Prevalence of Mental Disorders in Europe: Results from the European Study of the Epidemiology of Mental Disorders (ESEMeD) Project*, in: Acta Pyschiatrica Scandinavica 109 (2004), Supplement 420, S. 21-27.

Alonso, W.J., C. Schuck-Paim, *Sex-Ratio Conflicts, Kin Selection, and the Evolution of Altruism*, in: Proceedings of the National Academy of Sciences of the USA (PNAS) 99 (2002), S. 6843-6847.

Amaral, L. A. N., J. M. Ottino, *Complex Networks: Augmenting the Framework for the Study of Complex Systems*, in: European Physical Journal B 38 (2004), S. 147-162.

Anderson, P., C. Emmeche, N. Finnemann, P. Christiansen (Hg.), *Downward Causation: Minds, Bodies, and Matter*, Aarhus 2000: Aarhus University Press.

Andersson, M., *The Evolution of Eusociality*, in: Annual Review of Ecology and Systematics 15 (1984), S. 165-189.

Annas, J., *Aristotle: Metaphysics Books M and N*, Oxford 1976: Clarendon Press.

Bak, P., *How Nature Works: The Science of Self-Organized Criticality*, New York 1996: Copernicus Press.

Bankes, S. C., *Exploratory Modeling for Policy Analysis*, in: Operations Research 41.3 (1993), S. 435-449.

Bankes, S. C., R. J. Lempert, S. W. Popper, *Computer-Assisted Reasoning*, in: Computing in Science and Engineering 3.71 (2001), S. 71-77.

Barabási, A.-L., *Linked: The New Science of Networks*, Cambridge, MA 2002: Perseus Publishing.

Barkai, N., S. Leibler, *Robustness in Simple Biochemical Networks*, in: Nature 387 (1997), S. 913-917.

Beatty, J., *Ernst Mayr and the Proximate/Ultimate Distinction*, in: Biology and Philosophy 9 (1994), S. 333-356.

Beatty, J., *Natural Selection and the Null Hypothesis*, in: The Latest on the Best: Essays on Evolution and Optimality, hg. von J. Dupré, Cambridge, MA 1987: MIT Press, S. 53-76.

Beatty, J., *The Evolutionary Contingency Thesis*, in: Concepts, Theories, and Rationality in the Biological Sciences, hg. von G. Wolters, J.G. Lennox, Pittsburgh 1995: University of Pittsburgh Press, S. 45-81.

Beatty, J., *Why Do Biologists Argue like They Do?*, in: Philosophy of Science 64 (1997), S. 432-443.

Bechtel, W., R. C. Richardson, *Discovering Complexity: Decomposition and Localization as Strategies in Scientific Research*, Princeton, NJ 1993: Princeton University Press.

Beckermann, A., H. Flohr, J. Kim (Hg.), *Emergence or Reduction?*, Berlin 1992: de Gruyter.

Bedau, M., *Weak Emergence*, in: Philosophical Perspectives 11: Mind, Causation, and World, hg. von James Tomberlin, Malden, Ma. 1997: Blackwell, S. 375-399.

Beilby, J. K. (Hg.), *Naturalism Defeated? Essays on Plantinga's Evolutionary Argument against Naturalism*, Ithaca, NY 2002: Cornell University Press.

Beshers, S. N., J. H. Fewell, *Models of Division of Labor in Social Insects*, in: Annual Review of Entomology 46 (2001), S. 413-440.

Blake, W., *Auguries of Innocence*, in: The Oxford Book of English Mystical Verse, hg. von D. H. S. Nicholson, A. H. E. Lee, Oxford 1917: Clarendon Press.

Blitz, D., *Emergent Evolution: Qualitative Novelty and the Levels of Reality*, Dordrecht 1992: Kluwer.

Bogen, J., *Analyzing Causality: The Opposite of Counterfactual is Factual*, in: International Studies in the Philosophy of Science 18.1 (2004), S. 3-26.

Bonabeau, E., G. Theraulaz, J. Deneubourg, S. Aron, S. Camazine, *Self-Organization in Social Insects*, in: Trends in Ecology and Evolution (TREE) 12.5 (1997), S. 188-193.

Boomsma, J. J., L. Sundström, *Patterns of Paternity Skew in Formica Ants*, in: Behavioral Ecology and Sociobiology 42 (1998), S. 85-92.
Brandon, R., *Does Biology Have Laws? The Experimental Evidence*, in: Philosophy of Science 64.4 (1997), S. S444-S457.
Breed, M. D., R. E. Page, *The Genetics of Social Evolution*, Boulder, Co. 1989: Westview Press.
Buck, L. E., C. C. Geisler, J. Schelhas, E. Wollenberg (Hg.), *Biological Diversity: Balancing Interests through Adaptive Collaborative Management*, Boca Raton, Fl. 2001: CRC Press.
Buss, L. *The Evolution of Individuality*, Princeton, NJ 1987: Princeton University Press.
Butts, R. E. (Hg.), *William Whewell: Theory of Scientific Method*, Indianapolis/Cambridge 1989: Hackett.

Camazine, S., J.-L. Deneubourg, N. R. Franks, J. Sneyd, G. Theraulaz, E. Bonabeau (Hg.), *Self-Organization in Biological Systems*, Princeton, NJ 2001: Princeton University Press.
Carnap, R., *Logical Foundations of Probability*, Chicago 1950: University of Chicago Press.
Cartwright, N., *Against Modularity, the Causal Markov Condition and any Link between the Two: Comments on Hausman and Woodward*, in: British Journal for the Philosophy of Science 53.3 (2002), S. 411-453.
Cartwright, N., *Fundamentalism vs. the Patchwork of Laws*, in: Proceedings of the Aristotelian Society XCIV (1994), S. 279-292.
Cartwright, N., *How the Laws of Physics Lie*, Oxford 1982: Oxford University Press.
Cartwright, N., *Nature's Capacities and their Measurement*, Oxford 1989: Oxford University Press.
Cartwright, N., *The Dappled World: A Study of the Boundaries of Science*, Cambridge 2000: Cambridge University Press.
Cartwright, N., J. Cat, L. Fleck, T. E. Uebel, *Otto Neurath: Philosophy between Science and Politics*, Cambridge 1996: Cambridge University Press.
Caspi, A., K. Sugden, T. E. Moffitt, J. Mill, A. Taylor, I. W. Craig, H. L. Harrington, J. McClay, J. Martin, A. Braithwaite, R. Poulton, *Influence of Life Stress on Depression: Moderation by a Polymorphism in the 5-HTT Gene*, in: Science 301 (2003), S. 386-389.

Ciliberti, S., O. C. Martin, A. Wagner, *Robustness Can Evolve Gradually in Complex Regulatory Gene Networks with Varying Topology*, in: PLoS Computational Biology 3.2 (2007), e15.

Clark, J. S., S. R. Carpenter, M. Barber, S. Collins, A. Dobson, J. Foley, D. Lodge, M. Pascual, R. Pielke, W. Pizer, C. Pringle, W. V. Reid, K. A. Rose, O. Sala, W. H. Schlesinger, D. Wall, D. Wear, *Ecological Forecasts: An Emerging Imperative*, in: Science 293 (2001), S. 657-660.

Clayton, P., P. Davies (Hg.), *The Re-Emergence of Emergence*, Oxford 2006: Oxford University Press.

Collins, H. M. (Hg.), *The Sociology of Scientific Knowledge: A Sourcebook*, Bath 1982: Bath University Press.

Collins, H. M., *Changing Order: Replication and Induction in Scientific Practice*, Beverley Hills/London 1985: Sage.

Costanza, R., L. Cornwell, *The 4P Approach to Dealing with Scientific Uncertainty*, in: Environment 34.9 (1992), S. 12-20.

Couzin, I. D., J. Krause, *Self-Organization and Collective Behavior in Vertebrates*, in: Advances in the Study of Behavior 33 (2003), S. 1-75.

Cushing, J.,T., E. McMullin (Hg.), *Philosophical Consequences of Quantum Theory*, Notre Dame, Ind. 1989: University of Notre Dame Press.

Darwin, C., *Die Fahrt der Beagle*, Kapitel 17, übersetzt von Eike Schönfeld, Hamburg 2006: Marebuch, S. 500-501.

Darwin, C., *On the Origin of Species by Means of Natural Selection, or the Preservation of Favoured Races in the Struggle for Life*, London 1859: John Murray.

Darwin, C., *The Voyage of the Beagle*, New York: 2001 (1839): Random House.

Dawkins, R., *Climbing Mount Improbable*, New York/London 1996: Norton and Co.

Delehanty, M., *Emergent Properties and the Context Objection to Reduction*, in: Biology and Philosophy 20.4 (2005), S. 715-734.

Delgado, P. L., *Depression: The Case for a Monoamine Deficiency*, in: Journal of Clinical Pyschiatry 61 (2000), Supplement 6, S. 7-11.

Dennett, D., *Darwin's Dangerous Idea: Evolution and the Meanings of Life*, New York 1995: Simon & Schuster.

Diagnostic and Statistical Manual of Mental Disorders, 4. Aufl., Text

Revision (DSM-IV), hg. von American Psychiatric Association, Washington, DC 2000: American Psychiatric Publishing.
Diamond, E., *Genetically Modified Organisms and Monitoring*, in: Journal of Environmental Monitoring 1 (1999), S. 108N-110N.
Dirac, P. A. M., *Quantum Mechanics of Many-Electron Systems*, in: Proceedings of the Royal Society of London A 123 (1929), S. 714-33.
Dupré, J., *The Disorder of Things: Metaphysical Foundations of the Disunity of Science*, Cambridge, Ma. 1993: Harvard University Press.

Earman, J., J. Roberts, S. Smith, *Ceteris Paribus Lost*, in: Erkenntnis 57 (2002), S. 281-301.
Eaves, L. J., *Genotype x Environment Interaction in Psychopathology: Fact or Artifact?*, in: Twin Research and Human Genetics 9.1 (2006), S. 1-8.
Eaves, L. J., S. Chen, M. Neale, H. H. Maes, J. Silberg, *Questions, Models and Methods in Psychiatric Genetics*, in: Psychiatric Genetics (Review of Psychiatry), hg. von K. Kendler, L. J. Eaves, Washington, DC 2005: American Psychiatric Publishing, S. 19-94.
Edelman, G. M., J. A. Gally, *Degeneracy and Complexity in Biological Systems*, in: Proceedings of the National Academy of Sciences 98.24 (2001), S. 13763-13768.
Eve, R. A., S. Horsfall, M. E. Lee (Hg.), *Chaos, Complexity and Sociology: Myths, Models, and Theories*, Thousand Oaks, Ca. 1997: Sage.

Feder, T., *Statistical Physics is for the Birds*, in: Physics Today 60.10 (2007), S. 28-30.
Feltz, B., M. Crommelinck, P. Goujon (Hg.), *Self-Organization and Emergence in Life Sciences*, Dordrecht 2006: Springer.
Feyerabend, P. K., *Against Method: Outline of an Anarchistic Theory of Knowledge*, London 1975: New Left Books.
Feyerabend, P. K., *Philosophical Papers*, Cambridge 1981: Cambridge University Press.
Fodor, J., *Special Sciences: Or the Disunity of Science as a Working Hypothesis*, in: Synthese 28 (1974), S. 97-115.
Foitzik, S., J. M. Herbers, *Colony Structure of a Slavemaking Ant I: Intra-Colony Relatedness, Worker Reproduction and Polydomy*, in: Evolution 55 (2001), S. 307-315.
Fontana, W., L.W. Buss, *What would be Conserved if ›the Tape were*

Played Twice‹?, in: Proceedings of the National Academy of Sciences 91 (1994), S. 757-761.
Forster, L., P. Forster, S. Lutz-Bonengel, H. Willkomm, B. Brinkmann, *Natural Radioactivity and Human Mitochondrial DNA Mutations*, in: Proceedings of the National Academy of Sciences 99.21 (2002), S. 13950-13954.
Friedman, M., *Explanation and Scientific Understanding*, in: Journal of Philosophy 71.1 (1974), S. 5-19.

Galison, P., D. J. Stump (Hg.), *The Disunity of Science: Boundaries, Contexts, and Power*, Stanford 1996: Stanford University Press.
Gerlai, R., *Gene-Targeting Studies of Mammalian Behavior: Is it the Mutation or the Background Genotype?*, in: Trends in Neuroscience 19.5 (1996), S. 177-81.
Goldbeter, A., *Biochemical Oscillations and Cellular Rhythms: The Molecular Bases of Periodic and Chaotic Behaviour*, Cambridge 1997: Cambridge University Press.
Goldbeter, A., D. Gonze, G. Houart, J.-C. Leloup, J. Halloy, G. Dupont, *From Simple to Complex Oscillatory Behavior in Metabolic and Genetic Control Network*, in: Chaos 11, S. 247-260.
Goodman, N., *The Problem of Counterfactual Conditionals*, in: Journal of Philosophy 44.5 (1947), S. 113-128.
Gordon D. M., *Dynamics of Task Switching in Harvester Ants*, in: Animal Behaviour 38 (1989), S. 194-204.
Gould S. J., *Evolution: The Pleasures of Pluralism*, in: New York Review of Books, 26 Juni 1997, S. 47-52.
Gould, S. J., *Wonderful Life: Burgess Shale and the Nature of History*, New York 1990: Norton.
Gould, S. J., *Zufall Mensch: Das Wunder des Lebens als Spiel der Natur*, Originaltitel: Wonderful Life, München u. a. 1991: Hanser.
Gower, B., *Scientific Method: An Historial and Philosophical Introduction*, New York 1997: Routledge.
Grant, P., R. Grant, *Ecology and Evolution of Darwin's Finches*, Princeton, NJ 1986: Princeton University Press.
Greenspan, J., *The Flexible Genome: Nature Reviews*, in: Genetics 2 (2001), S. 383-387.

Haddjeri, N., P. Blier, C. de Montigny, *Long-Term Antidepressant Treatments Result in a Tonic Activation of Forebrain 5-HT1A Receptors*, in: Journal of Neuroscience 18.23 (1998), S. 10150-10156.
Hamilton, W. D., *The Genetical Evolution of Social Behaviour I and II*, in: Journal of Theoretical Biology 7 (1964), S. 1-16, S. 17-32.
Hariri, A. R., E. M. Drabant, K. E. Munoz, B. S. Kolachana, V. S. Mattay, M. F. Egan, D. R. Weinberger, *A Susceptibility Gene for Affective Disorders and the Response of the Human Amygdala*, in: Archives of General Psychiatry 62 (2005), S. 146-152.
Hausman, D., J. Woodward, *Independence, Invariance and the Causal Markov Condition*, in: British Journal of the Philosophy of Science 50 (1999), S. 521-583.
Herschel, J., *Preliminary Discourse on the Study of Natural Philosophy*, London 1830: Thoemmes Press.
Hettema, J., *Personality and Depression: A Multilevel Perspective*, in: European Journal of Personality 9 (1995), S. 401-412.
Heylighen, F., *Self-Organization, Emergence and the Architecture of Complexity*, in: Proceedings of the 1st European Conference on System Science (AFCET, Paris) (1989), S. 23-32.
Holliday, C. M., R. C. Ridgely, A. M. Balanoff, L. M. Witmer, *Cephalic Vascular Anatomy in Flamingos (Phoenicopterus Ruber) Based on Novel Vascular Injection and Computed Tomographic Imaging Analyses*, in: Anatomical Record 288A (2006), S. 1031-1041.
Horan, B. L., *Theoretical Models, Biological Complexity and the Semantic View of Theories*, in: Philosophy of Science Association 2 (1989), S. 265-277.
Houghton, J. T., L. G. Meira Filho, B. A. Callander, N. Harris, A. Kattenberg, K. Maskell (Hg.), *Intergovernmental Panel on Climate Change: Climate Change 1995 – The Science of Climate Change, Contribution of Working Group I to the Second Assessment Report of the Intergovernmental Panel on Climate Change*, Cambridge/New York 1996: Cambridge University Press.
Huang, Z. Y., G. E. Robinson, *Regulation of Honey Bee Division of Labor by Colony Age Demography*, in: Behavioral Ecology and Sociobiology 39.3 (1996), S. 147-158.
Huang, Z.Y., J. H. Fewell, *Modeling Insect Societies: From Genes to Colony Behavior*, in: Trends in Ecology and Evolution 17 (2002), S. 403-404.

Humphreys, P. *How Properties Emerge*, in: *Philosophy of Science* 64 (1997), S. 1-17.

Ihle, J. N., *The Challenges of Translating Knockout Phenotypes into Gene Function*, in: Cell 102 (2000), S. 131-134.

Ishii, N., K. Nakahigashi, T. Baba, M. Robert, T. Soga, A. Kanai, T. Hirasawa, M. Naba, K. Hirai, A. Hoque, P. Y. Ho, Y. Kakazu, K. Sugawara, S. Igarashi, S. Harada, T. Masuda, N. Sugiyama, T. Togashi, M. Hasegawa, Y. Takai, K. Yugi, K. Arakawa, N. Iwata, Y. Toya, Y. Nakayama, T. Nishioka, K. Shimizu, H. Mori, M. Tomita, *Multiple High-Throughput Analyses Monitor the Response of E. coli to Perturbations*, in: Science 316 (2007), S. 593-597.

Jablonka, E., M. Lamb, *Epigenetic Inheritance and Evolution: The Lamarckian Dimension*, Oxford 1995: Oxford University Press.

Jacob, F., J. Monod, *Genetic Regulatory Mechanisms in the Synthesis of Proteins*, in: Journal of Molecular Biology 3 (1961), S. 318-356.

James, W., *The Principles of Psychology*, New York 1890: Henry Holt and Company.

Jansen, R. C., *Opinion: Studying Complex Biological Systems Using Multifactorial Perturbation Nature Reviews*, in: Genetics 4 (2003), S. 145-151.

Jasny, M., J. Reynolds, A. Notthoff, *Leap of Faith: Southern California's Experiment in Natural Community Conservation Planning*, in: <http://www.nrdc.org/wildlife/habitat/lof/lofinx.asp>.

Jeffrey, R., *The Logic of Decision*, Chicago 1990: University of Chicago Press.

Jiggins, J., N. G. Roling, *Adaptive Management: Potential and Limitations for Ecological Governance*, in: International Journal of Agricultural Resources, Governance and Ecology 1 (2000), S. 28-42.

Kauffman, S., *Emergent Properties in Random Complex Automata*, in: Physical 10D (1984), S. 145-156.

Kauffman, S., *At Home in the Universe: The Search for Laws of Self-Organization and Complexity*, Oxford 1995: Oxford University Press.

Kauffman, S., *The Origins of Order*, Oxford 1993: Oxford University Press.

Kellert, S. H., H. E. Longino, C. K. Waters (Hg.), *Scientific Pluralism*, Minneapolis, Minn. 2006: University of Minnesota Press.

Kendler, K. S., ›*A Gene for …*‹*: The Nature of Gene Action in Psychiatric Disorders*, in: American Journal of Psychiatry 162 (2005), S. 1243-1252.

Kendler, K. S., *Toward a Philosophical Structure for Psychiatry*, in: American Journal of Psychiatry 162.3 (2005), S. 433-440.

Kendler, K. S., C. O. Gardner, C. A. Prescott, *Toward a Comprehensive Developmental Model for Major Depression in Women*, in: American Journal of Psychiatry 159.7 (2002), S. 1133-1145.

Kendler, K. S., C. O. Gardner, C. A. Prescott, *Toward a Comprehensive Developmental Model for Major Depression in Men*, in: American Journal of Psychiatry 163.1 (2006), S. 115-124.

Kendler, K. S., J. W. Kuhn, J. Vittum, C. A. Prescott, B. Riley, *The Interaction of Stressful Life Events and a Serotonin Transporter Polymorphism in the Prediction of Episodes of Major Depression: A Replication*, in: Archives of General Psychiatry 62 (2005), S. 529-535.

Kenyon, J., *Having it out with Melancholy*, in: Collected Poems, Saint Paul, Minn. 2005: Graywolf Press.

Kessin, R. H., *Dictyostelium: Evolution, Cell Biology, and the Development of Multicellularity*, Cambridge 2001: Cambridge University Press.

Kessler, R. C., P. Berglund, O. Demler, R. Jin, D. Koretz, K. R. Merikangas, A. J. Rush, E. E. Walters, P. S. Wang, *The Epidemiology of Major Depressive Disorder: Results From the National Comorbidity Survey Replication (NCS-R)*, Journal of the American Medical Association (JAMA) 289 (2003), S. 3095-3105.

Keynes, J. M., *A Treatise on Probability*, New York 1921: MacMillan.

Kim, J., *Making Sense of Emergence*, in: Philosophical Studies 95 (1999), S. 3-36.

Kirk, G. S., J. E. Raven, M. Schofield, *The Presocratic Philosophers*, 2. Aufl., Cambridge 1983: Cambridge University Press.

Kitano, H., *Biological Robustness*, in: Nature Genetics 5 (2004), S. 826-837.

Kitcher, P., *Explanatory Unification*, in: Philosophy of Science 48 (1981), S. 507-531.

Konferenz der Vereinten Nationen über Umwelt und Entwicklung, *Rio-Erklärung über Umwelt und Entwicklung*, Grundsatz 15, Rio de Janeiro 1992, in: <http://www.un.org/Depts/german/conf/agenda21/rio.pdf>, wie verfügbar am 14. Dezember 2007.

Kragh, H., *Quantum Generations: A History of Physics in the Twentieth Century*, Princeton, NJ 1999: Princeton University Press.
Kuhn, T., *The Structure of Scientific Revolutions*, Chicago 1962: University of Chicago Press.

Lakatos, I., *Falsification and the Methodology of Scientific Research Programmes*, in: Criticism and the Growth of Knowledge, hg. von I. Lakatos, A. Musgrave, London/Cambridge 1970: Cambridge University Press.
Lakatos, I., A. Musgrave (Hg.), *Criticism and the Growth of Knowledge*, in: Proceedings of the International Colloquium in the Philosophy of Science 4, London/Cambridge 1970: Cambridge University Press.
Lange, M., *Natural Laws in Scientific Practice*, Oxford 2000: Oxford University Press.
Latour, B., *Science in Action*, Cambridge, Mass. 1988: Harvard University Press.
Laughlin, R., *A Different Universe: Reinventing Physics from the Bottom Up*, New York 2005: Basic Books.
Lempert, R., S. Popper, S. Bankes, *Confronting Surprise*, in: Social Science Computer Review 20.4 (2002), S. 420-440.
Lewin, R., *Complexity: Life at the Edge of Chaos*, Chicago 1992: University of Chicago Press.
Lewontin, R. C., *Adaptation*, in: Scientific American 239.3 (1978), S. 156-169.
Li, F. P., J. F. Fraumeni, *Soft-Tissue Sarcomas, Breast Cancer and other Neoplasms: A Familial Syndrome?*, in: Annals of Internal Medicine 71 (1969), S. 747-52.
Loewer, B., *Review of J. Kim, Mind in a Physical World*, in: Journal of Philosophy 98.6 (2001), S. 315-324.
Lorant, V., C. Croux, S. Weich, D. Deliège, J. Mackenbach, M. Ansseau, *Depression and Socio-Economic Risk Factors: 7-year Longitudinal Population Study*, in: British Journal of Psychiatry 190 (2007), S. 293-298.
Lorenz, E. N., *The Essences of Chaos*, Washington, DC 1996: University of Washington Press.

Malka, O., S. Shnieor, A. Heftz, T. Katzav-Gozansky, *Reversible Royalty in Worker Honeybees (Apis mellifera) under the Queen Influence*, in: Behavioral Ecology and Sociobiology 61.3 (2007), S. 465-473.

Mangel, E. A., *Principles for Conservation of Wild Living Resources*, in: Ecological Applications 6.2 (1966), S. 338-362.
Mayr, E., *Cause and Effect in Biology*, in: Science 134 (1961), S. 1501-1506.
Mayr, E., *Proximate and Ultimate Causations*, in: Biology and Philosophy 8 (1993), S. 93-94.
McLaughlin, B., *The Rise and Fall of British Emergentism*, in: Emergence Or Reduction?, hg. von A. Beckermann, J. Kim, H. Flohr, Berlin 1992: de Gruyter, S. 49-93.
Mill, J. S., *A System of Logic*, London 1843: Longmans, Green & Co.
Mitchell, S. D., *Biological Complexity and Integrative Pluralism*, Cambridge 2003: Cambridge University Press.
Mitchell, S. D., *Contingent Generalizations: Lessons from Biology*, in: Akteure, Mechanismen, Modelle. Zur Theoriefähigkeit makro-sozialer Analysen, hg. von R. Mayntz, Köln 2002: Max-Planck-Institut für Gesellschaftsforschung.
Mitchell, S. D., *Dimensions of Scientific Law*, in: Philosophy of Science 67 (2000). S. 242-265.
Mitchell, S. D., *Dispositions or Etiologies: A Comment on Bigelow and Pargetter*, in: Journal of Philosophy 40.5 (1993), S. 249-259.
Mitchell, S. D., *Integrative Pluralism*, in: Biology and Philosophy 17 (2002), S. 55-70.
Mitchell, S. D., *On Pluralism and Competition in Evolutionary Explanations*, in: American Zoologist 32.1 (1992), S. 135-144.
Mitchell, S. D., *Pragmatic Laws*, in: Philosophy of Science 64 (1997), Supplement, S. S468-S479.
Mitchell, S. D., *The Import of Uncertainty*, in: The Pluralist 2.1 (2007), S. 58-71.
Mitchell, S. D., L. Daston, G. Gigerenzer, N. Sesardic and P. Sloep, *The How's and Why's of Interdisciplinarity*, in: Human by Nature: Between Biology and the Social Sciences, hg. von P. Weingart, S. D. Mitchell, P. Richerson, S. Maasen, Mahwah, NJ 1997: Erlbaum Press, S. 103-150.
Moffitt, T. E., A. Caspi, M. Rutter, *A Research Strategy for Investigating Interactions between Measured Genes and Measured Environments*, in: Archives of General Psychiatry 62 (2005), S. 769-775.
Morgan, M. G., D. W. Keith, *Subjective Judgements by Climate Experts*, in: Environmental Science and Technology 29 (1995), S. 468-476.

Morgan, M. G., M. Henrion, *Uncertainty: A Guide to Dealing with Uncertainty in Quantitative Risk and Policy Analysis*, Cambridge, 1990: Cambridge University Press.

Moser, P. K., J. D. Trout (Hg.), *Contemporary Materialism: A Reader*, New York 1995: Routledge.

Müller, U., *Ten Years of Gene Targeting: Targeted Mouse Mutants, from Vector Design to Phenotype Analysis*, in: Mechanics of Development 82 (1999), S. 3-21.

Murray, C., D. Marmorek, *Adaptive Management: A Science-Based Approach to Managing Ecosystems in the Face of Uncertainty*, The Fifth International Conference on Science and Management of Protected Areas: Making Ecosystem Based Management Work, Victoria, BC, 11.-16. Mai 2003, S. 1-10.

Myers, N., *Environmental Unknowns*, in: Science 269 (1995), S. 358-360.

Myers, N., *The Sinking Ark: A New Look at the Problem of Disappearing Species*, New York 1979: Pergamon Press.

Nakicenovic, N., R. Swart (Hg.), *Special Report on Emissions Scenarios*, Cambridge 2000: Cambridge University Press.

National Research Council, *Genetically Modified Pest-Protected Plants: Science and Regulation*, Washington, DC 2000: National Academies Press.

Nelson, R. J., *The Use of Genetic »Knockout« Mice in Behavioral Endocrinology Research*, in: Hormones and Behavior 31.3 (1997), S. 188-196.

Nicolis, G., I. Prigogine, *Exploring Complexity: An Introduction*, New York 1989: W. H. Freeman.

Nowak, M. A., M. C. Boerlijst, J. Cooke, J. Maynard Smith, *Evolution of Genetic Redundancy*, in: Nature 388 (1997), S. 167-171.

O'Connor, T., *Emergent Properties*, in: American Philosophical Quarterly 31 (1994), S. 91-104.

O'Connor, T., H. Y. Wong, *The Metaphysics of Emergence*, in: Noûs 39 (2005), S. 658-678.

Oglethorpe, J. A. E. (Hg.), *Adaptive Management: From Theory to Practice*, Gland/Cambridge 2002: World Conservation Union.

Oster, G. H., E. O. Wilson, *Caste and Ecology in the Social Insects*, Princeton, NJ 1979: Princeton University Press.

Ottman, R., D. C. Rao, *An Epidemiologic Approach to Gene-Environment Interaction*, in: Genetic Epidemiology 7.3 (1990), S. 177-185.
Oyama, S., P. Griffiths, R. D. Gray (Hg.), *Cycles of Contingency: Developmental Systems and Evolution*, Cambridge, Mass. 2001: MIT Press.

Page, R. E., G. E. Robinson, M. K. Fondrk, M. E. Nasr, *Effects of Worker Genotypic Diversity on Honey Bee Colony Development and Behavior (Apis mellifera L.)*, in: Behavioral Ecology and Sociobiology 36 (1995), S. 387-396.
Page, R. E., G. E. Robinson, *The Genetics of Division of Labour in Honey Bee Colonies*, in: Advances in Insect Physiology 23 (1991), S. 117-169.
Page, R. E., J. Erber, *Levels of Behavioral Organization and the Evolution of Division of Labor*, in: Naturwissenschaften 89 (2002), S. 91-106.
Page, R. E., R. A. Metcalf, *Multiple Mating, Sperm Utilization, and Social Evolution*, in: *American Naturalist* 119.2 (1982), S. 263-281.
Page, R. E., S. D. Mitchell, *Self-Organization and the Evolution of Division of Labor*, in: Apidologie 29 (1998), S. 101-120.
Parnas, J., K. Kendler (Hg.), *Philosophical Issues in Psychiatry: Explanation, Phenomenology and Nosology*, Baltimore, Md. i. E.: Johns Hopkins University Press.
Patel, D. J., L. Kampa, R. G. Shulman, T. Yamane, B. J. Wyluda, *Proton Nuclear Magnetic Resonance Studies of Myoglobin in H_2O*, in: Proceedings of the National Academy of Sciences 67.3 (1970), S. 1109-1115.
Popper, S. W., R. J. Lempert, S. C. Bankes, *Die Kunst, in die Zukunft zu blicken*, in: Spektrum der Wissenschaft (Juli 2006), S. 94-100.
Porter, S. D., W. R. Tschinkel, *Fire Ant Polymorphism (Hymenoptera: Formicidae): Factors Affecting Worker Size*, in: Annals of the Entomological Society of America 78 (1985), S. 381-386.
Pratt, J. W., H. Raiffa, R. Schlaifer, *Introduction to Statistical Decision Theory*, Cambridge, Mass. 1995: MIT Press.
Prigogine, I., *The End of Certainty*, New York 1997: The Free Press.
Putnam, H. *Psychological Predicates*, in: Art, Mind, and Religion, hg. von W. H. Capitan, D. D. Merrill, Pittsburgh 1967: University of Pittsburgh Press, S. 37-48.
Pylyshyn, Z., *Computation and Cognition*, Cambridge, Mass. (1984): MIT Press.

Raff, R. A., *Evo-Devo: The Evolution of a New Discipline*, in: Nature Reviews Genetics 1 (2000), S. 74-79.

Ramachandran, V. S., *Behavioral and Magnetoencephalographic Correlates of Plasticity in the Adult Human Brain*, in: Proceedings of the National Academy of Sciences 90 (1993), S. 10413-10420.

Rapoport, A., *Decision Theory and Decision Behaviour: Normative and Descriptive Approaches*, New York 1989: Springer.

Robinson, G. E., *Regulation of Division of Labor in Insect Societies*, in: Annual Review of Entomology 37 (1992), S. 637-665.

Robinson, G. E., C. M. Grozinger, C. W. Whitfield, *Sociogenomics: Social Life in Molecular Terms*, in: Nature Review Genetics (April 2005), S. 257-270.

Rosen, J., *Flight Patterns*, in: New York Times Magazine (22. April 2007).

Ross, K. G., L. Keller, *Genetic Control of Social Organization in an Ant*, in: Proceedings of the National Academy of Sciences 95 (1998), S. 14232-14237.

Rueger, A., *Physical Emergence, Diachronic and Synchronic*, in: Synthese 124.3 (2000), S. 297-322.

Sackett, D. L, W. M. C. Rosenberg, J. A. Muir Gray, R. B. Haynes, W. S. Richardson, *Evidence Based Medicine: What It Is and What It Isn't*, in: British Medical Journal 312 (1996), S. 71-72.

Sauer, U., M. Heinemann, N. Zamboni, *Getting Closer to the Whole Picture*, in: Science 316 (2007), S. 550-551.

Scerri, E. R., *Has Chemistry Been at least Approximately Reduced to Quantum Mechanics?*, in: Proceedings of the Biennial Meeting of the Philosophy of Science Association (PSA) 1 (1994), S. 160-170.

Schaffner, K. F., *Behaving: What's Genetic and What's Not, and Why Should We Care?*, Oxford i. E.: Oxford University Press.

Schaffner, K. F., *Discovery and Explanation in Biology and Medicine*, Chicago 1993: University of Chicago Press.

Schaffner, K. F., *Reductionism, Complexity and Molecular Medicine: Genetic Chips and the ›Globalization‹ of the Genome*, in: Promises and Limits of Reductionism in the Biomedical Sciences, hg. von M. H. V. van Regenmortel, D. L. Hull, London 2002: John Wylie, S. 323-351.

Schneider, S. H., *What Is ›Dangerous‹ Climate Change?*, in: Nature 411 (2001), S. 17.

Schwander, T., H. Rosset, M. Chapuisat, *Division of Labour and Worker Size Polymorphism in Ant Colonies: The Impact of Social and Genetic Factors*, in: Behavioral Ecology and Sociobiology 59 (2005), S. 215-221.

Schwartz, J. H., *Trying to Make Chimpanzees into Humans*, in: History and Philosophy of the Life Sciences 26 (2004), S. 271-277.

Schwartz, J. H., R. B. Eckhardt, A. E. Friday, P. D. Gingerich, J. W. Osborn, P.-F. Puech, R. Stanyon, S. M. Borgognini Tarli, J. Wind, *Hominoid Evolution: A Review and a Reassessment [and Comments and Replies]*, in: Current Anthropology 25.5 (1984), S. 655-672.

Seeley, T., *Social Foraging in Honey Bees: How Nectar Foragers Assess their Colony's Nutritional Status*, in: Behavioral Ecology and Sociobiology 24 (1989), S. 181-199.

Seeley, T., *Wisdom of the Hive*, Cambridge, Mass. 1995: Harvard University Press.

Seeley, T. D., C. A. Tovey, *Why Search Time to Find a Food-Storer Bee Accurately Indicates the Relative Rates of Nectar Collecting and Nectar Processing in Honey Bee Colonies*, in: Animal Behavior 47 (1994), S. 311-316.

Sherman, P., *The Levels of Analysis*, in: Animal Behavior 36 (1988), S. 616-619.

Shoemaker, S. *Kim on Emergence*, in: Philosophical Studies 108 (2002), S. 53-63.

Silberstein, M., J. McGeever, *The Search for Ontological Emergence*, in: Philosophical Quarterly 49 (1999), S. 182-200.

Silberstein, M., P. Machamer (Hg.), *Blackwell Guide to the Philosophy of Science*, Malden, Mass. 2002: Blackwell.

Simon, H., *The Architecture of Complexity*, in: Proceedings of the American Philosophical Society 26 (1962), S. 467-482.

Simon, H., *The Architecture of Complexity: The Sciences of the Artificial*, Cambridge, Mass. 1962: MIT Press, S. 192-229.

Simon, H., *The New Science of Management Decision*, New York 1960: Harper and Row.

Skyrms, B., *Choice and Chance: An Introduction to Inductive Logic*, 4. Aufl., Belmont, Ca. 1999: Wadsworth Publishing.

Smart, J. J. C., *Philosophy and Scientific Realism*, London 1963: Routledge.

Smith, N., *Seeds Of Opportunity: An Assessment of the Benefits, Safety,*

and Oversight of Plant Genomics and Agricultural Biotechnology, in: Biotechnology Law Report 19 (2000), S. 449-536.
Smolin, L., *The Life of the Cosmos*, Oxford 1997: Oxford University Press.
Smolin, L., *The Trouble with Physics: The Rise of String Theory, the Fall of a Science, and What Comes Next*, New York 2006: Houghton Mifflin.
Snyder, L. J., *Reforming Philosophy: A Victorian Debate on Science and Society*, Chicago 2006: University of Chicago Press.
Sober, E., *The Nature of Selection: Evolutionary Theory in Philosophical Focus*, Bradford 1984: MIT Press.
Sober, E., *Two Outbreaks of Lawlessness in Recent Philosophy of Biology*, in: Philosophy of Science 64.4 (1997), S. S458-S467.
Sober, E., *What is Adaptationism?*, in: The Latest on the Best, hg. von J. Dupré, Cambridge, MA 1987: MIT Press, S. 105-118.
Solloway, M. J., E. J. Robertson, *Early Embryonic Lethality in Bmp5;Bmp7 Double Mutant Mice Suggests Functional Redundancy within the 60A Subgroup*, in: Development 126 (1999), S. 1753-1768.
Song, S. J., R. M. M'Gonigle, *Science, Power, and System Dynamics: The Political Economy of Conservation Biology*, in: Conservation Biology 15.4 (2001), S. 980-989.
Sperry, R. W., *In Defense of Mentalism and Emergent Interaction*, in: The Journal of Mind and Behavior 122 (1991), S. 221-246.
Sperry, R.W., *A Modified Concept of Consciousness*, in: Psychological Review 76 (1969), S. 532-536.
Springer, M. S., J. A. W. Kirsch, J. A. Case, *The Chronicle of Marsupial Evolution*, in: Molecular Evolution and Adaptive Radiation, hg. von T. J. Givnish, K. J. Sytsma, New York 1997: Cambridge University Press, S. 129-161.
Stelling, J., U. Sauer, Z. Szallasi, F. J. Doyle, J. Doyle, *Robustness of Cellular Functions*, in: Cell 118.6 (2004), S. 675-685.
Stephan, A., *Armchair Arguments against Emergentism*, in: Erkenntnis 46 (1997), S. 305-314.
Sterelny, K., *Explanatory Pluralism in Evolutionary Biology*, in: Biology and Philosophy 11 (1996), S. 193-214.
Swinderen, B. van, J. Greenspan, *Flexibility in a Gene Network Affecting a Simple Behaviour in Drosophila Melanogaster*, in: Genetics 169.4 (2005), S. 2151-2163.

Taylor, D. R., P. K. Ingvarsson, *Common Features of Segregation Distortion in Plants and Animals*, in: Genetica 117 (2003), S. 27-35.
Tinbergen, N., *On Aims and Methods in Ethology*, in: Zeitschrift für Tierpsychologie 20 (1963), S. 410-433.
Topoff, H., *Theoretical Issues Concerning the Evolution and Development of Behavior in Social Insects*, in: American Zoologist 12.3 (1972), S. 385-394.
Traniello, J. F. A., R. B. Rosengaus, *Ecology, Evolution and Division of Labour in Social Insects*, in: Animal Behaviour 53.1 (1997), S. 209-213.
Travis, J., *Scoring a Technical Knockout in Mice*, in: Science 256 (1992), S. 1392-1394.
Tversky, A., D. Kahneman, *Judgment under Uncertainty: Heuristics and Biases*, in: Science 185 (1974), S. 1124-1131.
Tyson, J. J., K. C. Chen, B. Novak, *Sniffers, Buzzers, Toggles and Blinkers: Dynamics of Regulatory and Signaling Pathways in the Cell*, in: Current Opinion in Cell Biology 15 (2003), S. 221-231.

Wagner, A., *Robustness and Evolvability in Living Systems*, Princeton, NJ 2005: Princeton University Press.
Waibel, M., D. Floreano, S. Magnenat, L. Keller, *Division of Labour and Colony Efficiency in Social Insects: Effects of Interactions between Genetic Architecture, Colony Kin Structure and Rate of Perturbations*, in: Proceedings of the Royal Society B 273 (2006), S. 1815-1823.
Walters, C., *Adaptive Management of Renewable Resources*, New York 1986: Macmillan.
Walters, C., *Challenges in Adaptive Management of Riparian and Coastal Ecosystems*, in: Conservation Ecology [online] 1.2 (1997), S. 1.
Waters, C. K., *Causal Regularities in the Biological World of Contingent Distributions*, in: Biology and Philosophy 13 (1998), S. 5-36.
Webster, M., A. P. Sokolov, *A Methodology for Quantifying Uncertainty in Climate Projections*, in: Climatic Change 46 (2000), S. 417-446.
Webster, M., C. Forest, J. Reilly, M. Babiker, D. Kicklighter, M. Mayer, R. Prinn, M. Sarofim, A. Sokolov, P. Stone and C. Wang, *Uncertainty Analysis of Climate Change and Policy Response*, Cambridge, Mass. 2002: Report Series of the MIT Joint Program on the Science and Policy of Global Change.
Weinberg, S., *The First Three Minutes: A Modern View of the Origin of the Universe*, 2. Aufl., New York 1993: Basic Books.

Weinert, R., *Laws of Nature*, Berlin 1995: de Gruyter.
Weniger, G., C. Lange, E. Irle, *Abnormal Size of the Amygdala Predicts Impaired Emotional Memory in Major Depressive Disorder*, in: Journal of Affective Disorders 94 (2006), S. 219-229.
Whewell, W., *The Philosophy of the Inductive Sciences, Founded upon Their History*, London 1840: Parker.
Wigley, T. M. L., S. C. B. Raper, *Interpretation of High Projections for Global-Mean Warming*, in: Science 293 (2001), S. 451-454.
Wilson, E. O., *The Insect Societies*, Cambridge, Mass. 1981: Harvard University Press.
Wimsatt, W. C., *Emergence as Non-Aggregativity and the Biases of Reductionism(s)*, in: Foundations of Science 5 (2000), S. 269-297.
Wimsatt, W. C., *False Models as Means to Truer Theories*, in: Neutral Models in Biology, hg. von M. H. Nitecki, A. Hoffman, Oxford 1987: Oxford University Press, S. 23-55.
Wimsatt, W. C., *Forms of Aggregativity*, in: Human Nature and Natural Knowledge, hg. von A. Donagan, N. Perovich, M. Wedin, Boston 1986: Reidel.
Wimsatt, W. C., *Re-Engineering Philosophy of Limited Beings: Piecewise Approximations to Reality*, Cambridge, Mass. 2007: Harvard University Press.
Wolfer, D. P., *What's Wrong with my Mouse? Behavioral Phenotyping of Transgenic and Knockout Mice*, in: Genes, Brain & Behavior 1.2 (2002), S. 131-131.
Wolff, J. A., J. Lederberg, *An Early History of Gene Transfer and Therapy*, in: Human Gene Therapy 5.4 (1994), S. 469-80.
Woodward, J., *Explanation and Invariance in the Special Sciences*, in: British Journal for the Philosophy of Science 51 (2000), S. 197-255.
Woodward, J., *Law and Explanation in Biology: Invariance is the Kind of Stability that Matters*, in: Philosophy of Science 68 (2001), S. 1-20.
Woodward, J., *Making Things Happen: A Theory of Causal Explanation*, Oxford 2003: Oxford University Press.
Woolgar, S. (Hg.), *Knowledge and Reflexivity: New Frontiers in the Sociology of Knowledge*, Newbury Park, Ca. 1988: Sage.
Wright, G. H. von, *The Logic of Preference: An Essay*, Edinburgh 1963: Edinburgh University Press.

Yearly, S., *Nature's Advocates: Putting Science to Work in Environmental Organizations*, in: Misunderstanding Science? The Public Reconstruction of Science and Technology, hg. von A. Irwin, B. Wynne, Cambridge 1996: Cambridge University Press, S. 172-190.

Yoon, C. K., *Altered Salmon Lead the Way to the Dinner Plate, but Rules Lag*, in: New York Times (1. Mai 2000).

Zuckerman, M., *Personality from Top (Traits) to Bottom (Genetics) with Stops at each Level between*, in: Foundations of Personality, hg. von P. J. Hettema, I. J. Deary, Dordrecht 1993: Kluwer, S. 73-100.

Bildnachweise

S. 75 S. Mitchell

S. 89 R. J. Greenspan, *The flexible genome*, in: Nature Reviews Genetics (2001), S. 383-387, mit freundlicher Genehmigung der Macmillan Publishers Ltd.